京华通览

历史文化名城

主编 / 段柄仁

前门 大栅栏

罗保平 / 著

北京出版集团公司
北京出版社

图书在版编目（CIP）数据

前门 大栅栏 / 罗保平著. — 北京：北京出版社，2018.3
（京华通览）
ISBN 978-7-200-13431-5

Ⅰ.①前… Ⅱ.①罗… Ⅲ.①商业街—介绍—北京 Ⅳ.①F727.1

中国版本图书馆CIP数据核字（2017）第266443号

出 版 人　曲　仲
策　　划　安　东　于　虹
项目统筹　孙　菁　董拯民
责任编辑　李更鑫　李学钊
封面设计　田　晗
版式设计　云伊若水
责任印制　燕雨萌

《京华通览》丛书在出版过程中，使用了部分出版物及网站的图片资料，在此谨向有关资料的提供者致以衷心的感谢。因部分图片的作者难以联系，敬请本丛书所用图片的版权所有者与北京出版集团公司联系。

前门 大栅栏
QIANMEN DASHILAN
罗保平　著

北京出版集团公司
北京出版社　　出版

*

（北京北三环中路6号）
邮政编码：100120

网　　址：www.bph.com.cn
北京出版集团公司总发行
新 华 书 店 经 销
天津画中画印刷有限公司印刷

*

880毫米×1230毫米　32开本　7印张　144千字
2018年3月第1版　2022年11月第3次印刷
ISBN 978-7-200-13431-5
定价：45.00元

如有印装质量问题，由本社负责调换
质量监督电话：010-58572393

《京华通览》编纂委员会

主　　任　段柄仁
副 主 任　陈　玲　曲　仲
成　　员　（按姓氏笔画排序）
　　　　　于　虹　王来水　安　东　运子微
　　　　　杨良志　张恒彬　周　浩　侯宏兴
主　　编　段柄仁
副 主 编　谭烈飞

《京华通览》编辑部

主　　任　安　东
副 主 任　于　虹　董拯民
成　　员　（按姓氏笔画排序）
　　　　　王　岩　白　珍　孙　菁　李更鑫
　　　　　潘惠楼

序

PREFACE

擦亮北京"金名片"

段柄仁

北京是中华民族的一张"金名片"。"金"在何处？可以用四句话描述：历史悠久、山河壮美、文化璀璨、地位独特。

展开一点说，这个区域在 70 万年前就有远古人类生存聚集，是一处人类发祥之地。据考古发掘，在房山区周口店一带，出土远古居民的头盖骨，被定名为"北京人"。这个区域也是人类都市文明发育较早，影响广泛深远之地。据历史记载，早在 3000 年前，就形成了燕、蓟两个方国之都，之后又多次作为诸侯国都、割据势力之都；元代作为全国政治中心，修筑了雄伟壮丽、举世瞩目的元大都；明代以此为基础进行了改造重建，形成了今天北京城的大格局；清代仍以此为首都。北京作为大都会，其文明引领全国，影响世界，被国外专家称为"世界奇观""在地球表面上，人类最伟大的个体工程"。

北京人文的久远历史，生生不息的发展，与其山河壮美、宜生宜长的自然环境紧密相连。她坐落在华北大平原北缘，"左环沧海，右拥太行，南襟河济，北枕居庸""龙蟠虎踞，形势雄伟，南控江淮，北连朔漠"。是我国三大地理单元——华北大平原、东北大平原、蒙古高原的交汇之处，是南北通衢的纽带，东西连接的龙头，东北亚环渤海地区的中心。这块得天独厚的地域，不仅极具区位优势，而且环境宜人，气候温和，四季分明。在高山峻岭之下，有广阔的丘陵、缓坡和平川沃土，永定河、潮白河、拒马河、温榆河和蓟运河五大水系纵横交错，如血脉遍布大地，使其顺理成章地成为人类祖居、中华帝都、中华人民共和国首都。

这块风水宝地和久远的人文历史，催生并积聚了令人垂羡的灿烂文化。文物古迹星罗棋布，不少是人类文明的顶尖之作，已有1000余项被确定为文物保护单位。周口店遗址、明清皇宫、八达岭长城、天坛、颐和园、明清帝王陵和大运河被列入世界文化遗产名录，60余项被列为全国重点文物保护单位，220余项被列为市级文物保护单位，40片历史文化街区，加上环绕城市核心区的大运河文化带、长城文化带、西山永定河文化带和诸多的历史建筑、名镇名村、非物质文化遗产，以及数万种留存至今的历史典籍、志鉴档册、文物文化资料，《红楼梦》、"京剧"等文学艺术明珠，早已成为传承历史文明、启迪人们智慧、滋养人们心灵的瑰宝。

中华人民共和国成立后，北京发生了深刻的变化。作为国家首都的独特地位，使这座古老的城市，成为全国现代化建设的领头雁。新的《北京城市总体规划（2016年—2035年）》的制定和中共中央、国务院的批复，确定了北京是全国政治中心、文化中心、国际交往中心、科技创新中心的性质和建设国际一流的和谐宜居之都的目标，大大增加了这块"金名片"的含金量。

伴随国际局势的深刻变化，世界经济重心已逐步向亚太地区转移，而亚太地区发展最快的是东北亚的环渤海地区、这块地区的京津冀地区，而北京正是这个地区的核心，建设以北京为核心的世界级城市群，已被列入实现"两个一百年"奋斗目标、中国梦的国家战略。这就又把北京推向了中国特色社会主义新时代谱写现代化新征程壮丽篇章的引领示范地位，也预示了这块热土必将更加辉煌的前景。

北京这张"金名片"，如何精心保护，细心擦拭，全面展示其风貌，尽力挖掘其能量，使之永续发展，永放光彩并更加明亮？这是摆在北京人面前的一项历史性使命，一项应自觉承担且不可替代的职责，需要做整体性、多方面的努力。但保护、擦拭、展示、挖掘的前提是对它的全面认识，只有认识，才会珍惜，才能热爱，才可能尽心尽力、尽职尽责，创造性完成这项释能放光的事业。而解决认识问题，必须做大量的基础文化建设和知识普及工作。近些年北京市有关部门在这方面做了大量工作，先后出版了《北京史》（10卷本）、《北京百科全书》（20卷本），各类志书近900种，以及多种年鉴、专著和资料汇编，等等，为擦亮北京这张"金名片"做了可贵的基础性贡献。但是这些著述，大多是服务于专业单位、党政领导部门和教学科研人员。如何使其承载的知识进一步普及化、大众化，出版面向更大范围的群众的读物，是当前急需弥补的弱项。为此我们启动了《京华通览》系列丛书的编写，采取简约、通俗、方便阅读的方法，从有关北京历史文化的大量书籍资料中，特别是卷帙浩繁的地方志书中，精选当前广大群众需要的知识，尽可能满足北京人以及关注北京的国内外朋友进一步了解北京的历史与现状、性质与功能、特点与亮点的需求，以达到"知北京、爱北京，合力共建美好北京"的目的。

这套丛书的内容紧紧围绕北京是全国的政治、文化、国际交往和科技创新四个中心，涵盖北京的自然环境、经济、政治、文化、社会等各方面的知识，但重点是北京的深厚灿烂的文化。突出安排了"历史文化名城""西山永定河文化带""大运河文化带""长城文化带"四个系列内容。资料大部分是取自新编北京志并进行压缩、修订、补充、改编。也有从已出版的北京历史文化读物中优选改编和针对一些重要内容弥补缺失而专门组织的创作。作品的作者大多是在北京志书编纂中捉刀实干的骨干人物和在北京史志领域著述颇丰的知名专家。尹钧科、谭烈飞、吴文涛、张宝章、郗志群、马建农、王之鸿等，都有作品奉献。从这个意义上说，这套丛书中，不少作品也可称"大家小书"。

总之，擦亮北京"金名片"，就是使蕴藏于文明古都丰富多彩的优秀历史文化活起来，充满时代精神和首都特色的社会主义创新文化强起来，进一步展现其真善美，释放其精气神，提高其含金量。

2017 年 11 月

目录
CONTENTS

前　言 / 1

商业街区的形成

通惠河——前门地区商业之兴 / 2

城区南扩与搭建廊房 / 5

新旧二城之冲突——大栅栏的崛起 / 7

兴建外城，前门大栅栏圈扩入城 / 11

前门大栅栏商业街区的区域分布 / 14

　　正阳门区域 / 15

　　前门大街 / 18

　　前门大街东侧商业区 / 19

　　前门大街西侧商业区 / 21

　　珠市口区域 / 26

前门大栅栏商业街区的地理风物 / 27

商　业　　服装百货业 / 41

八大祥绸布店 / 48

鞋帽业 / 54

医药业 / 59

钟表烟酒杂货业 / 66

珠宝玉器业 / 69

前门外的会馆与商会 / 71

文化演出业　戏剧演出 / 80

电影放映 / 98

戏装生产 / 100

餐饮业　　餐　饮 / 104

小　吃 / 119

干鲜果品 / 126

酱　菜 / 127

茶　叶 / 130

服务业　　旅馆客栈 / 135

照　相 / 143

洗　浴 / 145

前门外的镖行 / 147

金融业	银钱业 / 151
	银行业 / 163
	典当业 / 166
	证券交易 / 169
沧桑岁月	"靖难之役"与丽正门大战 / 174
	于谦抗击瓦剌保卫北京之战 / 176
	洪承畴降清与崇祯的前门祭祀闹剧 / 177
	外国帝国主义对前门大栅栏的两次铁蹄践踏 / 179
	民主英烈谋炸五大臣捐躯献身 / 182
	京师侠妓赛金花与小凤仙 / 184
	孙中山为国北上莅临前门车站 / 189
	"一二·九"运动与前门大街 / 192
	前门大栅栏地区商业员工的增资罢工斗争 / 194
	前门大栅栏的新生与发展规划 / 198

参考文献 / 200

后　记 / 205

前　言

前门大栅栏是北京城内最著名、最具活力的商业街区之一，街内商业店铺鳞次栉比，其数目之密集数不胜数。这里有北京最为古老的演出剧场，有各种著名的老字号，从日用百货到珠宝玉器，从饮食美味到文艺演唱，应有尽有，酒楼茶肆、邸店货栈随处可见，此外还有一度左右北京金价的金融市场。每天前门大栅栏街内人头攒动，车马络绎，其名声之显，不仅在北京妇孺皆知，甚至还远播于外埠。

前门大栅栏与王府井、西单是当代北京最著名的三大商业中心，然而前门大栅栏的商业历史渊源之深，却是王府井与西单两地所不能比拟的。由于三地的历史发展背景不同，从而造就了前门大栅栏商业街区所独有的发展特点与个性。明清时期，前门大栅栏一直是北京最繁华的商业区，对保证北京城的物资供应与物资交流起着至关重要的作用，对北京城而言，这里无疑是独一无二的黄金宝地，廛市繁盛时间之久，几近六百年。清末，王府井、西单商业街区日渐兴起，至民国时终于形成了北京的三大商业中心。前门大栅栏商业街区的产生与发展，以及北京三大商业中心的形成，既有地理区位因素的影响，也与国家政策的调整有关。

就地理区域而言，前门大栅栏正位于北京城的南北中轴线上，向北过前门就是皇城正门大明门（清代改称大清门），向南过天桥可出永定门，在北京的街道中其地位之显赫无出其右。这里交通方便，人员密集，由前门向东就是崇文门，向西则是宣武门；由珠市口向东过磁器口可出广渠门，向西过虎坊桥、菜市口可出广安门，优越的地理位置为前门大栅栏地区的商业发展提供了良好的地理区域优势。

就国家政策而言，清代实行的是满汉分居的政策，即满族人居住内城，汉族人居住外城。清廷为保持满族人的朴素习俗，维持皇城周围肃静，对八旗居住区与皇城周围的商业与文化娱乐活动实行了严格限制，因此居住内城的满族人，日常的休闲娱乐与购物只有到外城才能得到满足。这些政策虽然使北京内城的商业发展受到严重制约，但却给外城尤其是前门大栅栏地区的商业提供了稳定的发展环境。由明至清，前门大栅栏地区始终是北京城商品交易活动最为活跃的地方，也是北京城最繁华、最具有活力的地方，其他街道很难与之相比。

鸦片战争之后，随着外国资本的入侵和西方生产方式的传入，我国原有的封建体制逐渐成为经济发展的桎梏。清末，面对日益加深的社会危机，变革之声日益高涨。在这种大环境的影响之下，清政府对北京内城的种种限制政策开始有所松动，从而为王府井、西单等地区的商业发展提供了契机。另一方面内城滞后的商业也早已不能适应社会与时代的发展需要，因此，王府井与西单二地的商业自清末开始迅速崛起，但在民国初期，北京城的繁华中心仍然在前门外。1928年，国都南移之后，北京日渐凋敝，"九一八"之后，市况益趋不振，只有王府井、西单一带的商业还较有起色，此时前门大栅栏地区的商业发展速度开始放慢，最终形成王府井、西单与前门大栅栏三大商业区并存的局面。三大商业区的形成，使北京城的商业区域布局更加平衡，从此前门大栅栏失去北京城商业中心这种特殊地位，而成为北京外城商业最发达、最繁华之地。

比较前门大栅栏与王府井、西单商业区的不同发展过程，可以发现在前门大栅栏商业区的形成过程中，有两个耐人寻味的现象值得我们探究，这两个现象在古代都城的城市规划建设及我国传统文化发展过程中并不多见。

我国历代都城的城市规划与建设，虽各有不同，但其规划思想与理论来源大都与《考工记》有关。《考工记》约形成于春秋时期，是一部专记手工业的官书，在我国科技发展史上占有重要位置，对后世影响很大。关于我国古代都城的规划建设，该书依照我国古代的礼制原则提出了都城的城市规划建设方案，其主要内容是："匠人营国，方九里，旁三门。国中九经九纬，经涂九轨。左祖右社，面朝后市。市朝一夫。"在这个方案中，"面朝后市"就是都城商业布局的基本准则。这些准则在我国历代的都城规划建设中都可以看到它的影响。我国的传统历来以南向为正，

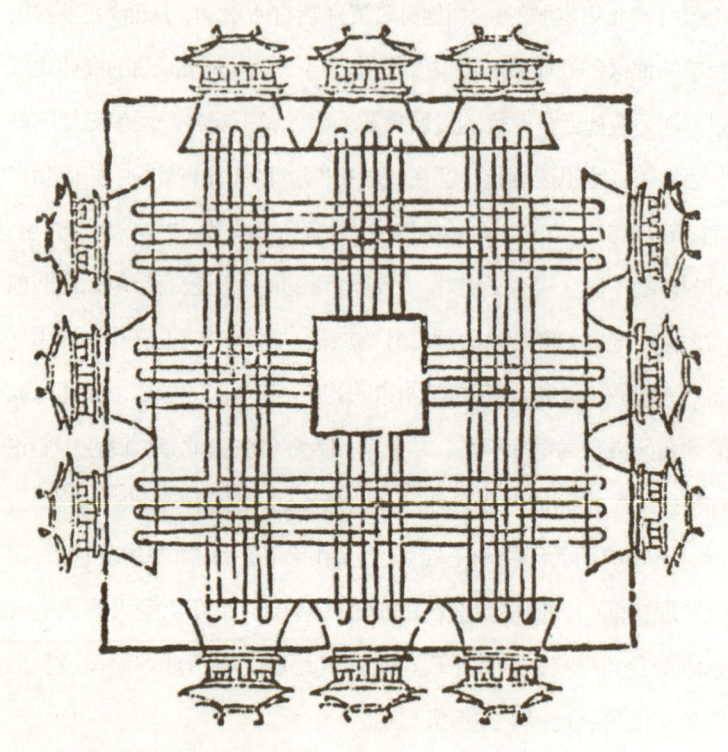

聂崇义《三礼图》王城图

所以按照《考工记》的规定，占据全城中心位置的宫城，其南面即前面一般放置国家的重要行政机构，这种面南布局的方式，突出的是封建帝王的唯我独尊思想，而市场则在宫城的北侧即背后。

将市场置于宫城之北不仅与我国古代的礼制有关，也与我国古代重农抑商、重本抑末的思想有关。在我国封建社会时期，历来都以农为"本"，视工商业为"末"。所以经商者在政治上往往受到各种歧视，入仕者不经商，经商者难入仕，几成封建社会的准则。因此都城的城市布局一般都把作为"末"的商业市场置于宫城之后，而不能置于宫城之前，辽南京、金中都与元大都无一不是如此。而明清北京城随着经济的发展，却逐渐背离了这个原则，前门大栅栏这个商业中心正好兴起于宫城的正前方，逐步取代了宫城之"后市"，也就是说将商业中心在大城的位置进行了南北倒置，这种现象在我国古代都城的商业布局中非常少见，可以说这种布局是北京城市发展的一种自然选择，也是古人在都城规划建设中根据客观实际灵活变通的一种表现。

我国古代的城市是在"城"与"市"的基础上发展而成的，城是一种防御设施，市则是商品交易场所，两者的结合就形成了我国古代的城市。作为商品交易场所，市一般都设在重要的交通要道口或人口稠密地区，所以这种市的诞生与成长都发生在城的内部，而前门大栅栏商业区的诞生与发展恰恰相反，是在元大都与明北京内城的南郊、金中都旧城的东郊诞生发展而成的。一座城市的商业中心不发于城内，而起于郊外，又是一个违背常规的发展特例，而这种发展的结果，最终成了明代兴建北京外城的重要因素之一。因此与王府井、西单地区相比，前门大栅栏商业区的一个显著特点就是它与北京的城市发展关系极为密切。从明代兴建北京外城的过程看，可以说前门大栅栏商业区对北京外城的选址与城市的发展方向都产生了重大影响，这些特点王府井与西单商业区都不具备。

由于前门大栅栏与王府井、西单商业区的诞生与发展各有不同的历史背景，所以造就了三地不同的文化内涵，三个商业区虽然都有注重诚信、审时度势、求实变通、追求实利的商业性格，然而王府井与西单毕竟多了一些现代气息,而前门大栅栏所多的则是岁月的沧桑与历史的厚重感。因此,在人们的心目之中,前门大栅栏更具有历史的吸引力,使更多的人群去探索,追寻历史的脚步,寻找北京的发展脉络,探求北京文化的源流,以便更好地保护北京的历史风貌,这可能正是人们对前门大栅栏的兴趣所在。

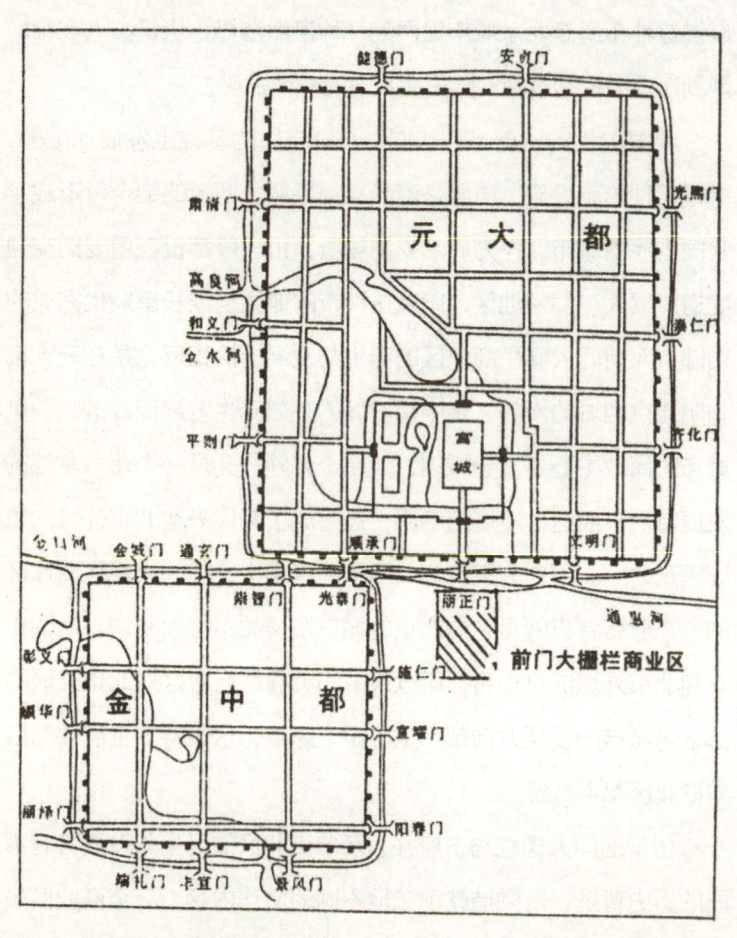

前门大栅栏商业区位置示意图

商业街区的形成

前门大栅栏是北京城最具魅力的古老商业街区，它的辉煌与繁盛在北京首屈一指，其旺盛的生命力绵延至今而不衰。商业活动发展的同时也促进了这一地区金融、饮食、服务、医疗以及文艺演出事业的兴旺，因此对北京人而言，前门大栅栏绝不仅仅是购物的理想之所，同时也是人们休闲、娱乐的好地方。前门大栅栏虽然自明代始即已成为北京城内最繁华的商业地区，然而探索这块商业宝地的历史发展脚步，其商业之兴最早却可上溯至元代。

通惠河——前门地区商业之兴

北京城的前身辽南京与金中都最初都位于广安门一带。清乾隆三十六年（1771年），在琉璃厂的施工中，偶然发现了辽御史大夫李内贞的墓葬，墓志云"葬于京东燕下乡海王村"。我国古代，墓葬一般都置于郊外，海王村墓葬的发现正说明位于琉璃厂之东的今前门大栅栏地区，在辽金时期，实为辽南京与金中都城之东郊旷地。

元中统元年（1260年），忽必烈于开平称帝后来到燕京，因金宫已在战争中被毁，无法继续使用，只好暂时住在位于北海琼华岛上的金离宫大宁宫之内。这里的优良环境与秀丽景色给忽必烈留下了强烈印象，不久，忽必烈决定定都燕京，并放弃金中都，在其东北以琼华岛为中心另建新城，改称大都。元大都于至元四年（1267年）开始兴建，至元二十二年（1285年）新城告竣，共历时18年。元大都的南墙约在今东西长安街的北侧，共设三门，中曰丽正门，东曰文明门，西曰顺承门。其中，丽正门的位置约在今天安门左近，文明门约在今东单路口，顺承门约在今西单路口，由此可知，前门大栅栏地区在元代正处大都城之南郊，而今前门大街就是元大都丽正门外的通衢大道。

忽必烈定都燕京之后，大都城的粮食与物资主要仰仗南方供给，但南方漕粮沿大运河运达通州之后，只能陆运进京，耗资甚大，因此如何解决漕运，保证元大都的物资供应已成为至关重要的问题。至元二十八年（1291年），时任都水监的郭守敬向忽必烈建言，开凿大都至通州的运粮河，以解决漕运难题。河道的具体走向是：自昌平别引白浮泉诸水，西折南转，向东入大都城，南汇积水潭，然后沿皇城东墙向南，出大都城后折而向东，一直抵达通州。郭守敬的建议很快得到忽必烈的首肯，第二年动工开凿，至元三十年（1293年）完工。河道开通之际，正值忽必烈过积水潭，见河内舳舻蔽水，盛况空前，遂赐名通惠河。通惠河自今天安门东侧出大都南墙后向东流经的河道，约在今东长安街之南，前门东大街之北。

通惠河开凿之后，为南北经济交流提供了新的交通通道，南方漕船从此便可畅通无阻直达大都城内的积水潭。在漕粮沿河北运之际，南方的商旅也乘机携带货物搭载漕船沿河北上，贩货至大都。这些商人到达大都后，一部分便在丽正门、文明门之外，搭建棚房，进行贸易活动，这些地方正好就是今前门与崇文门一带。

元李洧孙曾做有一首《大都赋》，赋云："凿会通之河，而川陕豪商，吴楚大贾，飞帆一苇，径抵辇下。""往适其市，则征宽于关，旅悦于途。"辇下即指都城，赋中所说的"径抵辇下""往适其市"，正是通惠河开凿之后，南方商人往来大都经商的情景。在南来商人的经营下，很快便在元大都南墙丽正门、文明门之外形成了一些市场。这些市场之所以会选择丽正门之外，除了这里位经运河沿岸之外，还有一个重要因素，那就是"征宽于关"，即官方征收的商税比城内要少。

关于丽正门与文明门外的商业情况，根据元熊梦祥《析津志》记载，元代的丽正门外有菜市、草市、穷汉市，此外在丽正门西巷街北还有太平楼，在丽正门南有德星楼、状元楼等建筑，而在文明门外不仅有文明门外市、猪市、鱼市、草市、穷汉市，还有储藏粮食的丰裕仓。从穷汉市的名称来看，这个市场很有可能类似今天的劳务市场，每天无业待聘之人都汇集于此，等待事家雇佣，由是得名穷汉市。而太平楼、德星楼更像是商市中的酒楼之名。可见元代的丽正门外当时已相当热闹，可以说前门大栅栏一带的商业就是伴随通惠河的开凿而兴起的。

丽正门外共有三座桥，第一桥叫龙津桥，其余二桥不知名。在《析津志》中曾记载了这样一则有趣之事：大都城兴建之际，忽必烈也来到现场，他问刘秉忠如何确定大内的坐标方位，刘秉忠指着后来丽正门外第三桥南侧的一棵大树说，这就是确定大内方位的坐标，忽必烈认为可以，遂将这棵大树封为"独树将军"，并赐以金牌，这棵具有特殊身份的大树由此便声名鹊起，远近皆知。元大都建成之后，每年元旦、上元等节日期间，人们便在这棵将军树上挂满诸色花灯，而树旁即为商市，售卖米甜食、面饼、枣糕等各种风味小吃，还有酒肉茶汤，无不精备，游人到此游逛常常流连忘返。后来这棵将军树干枯而死，于是人们又在原地栽了一棵小树，以期延续此风。但随着北京的城市发展，这棵带有将军头衔的大树最终还是被湮灭于历史的长河之中。

城区南扩与搭建廊房

明洪武元年（1368年）八月，徐达率明军攻陷元大都，随后命指挥华云龙将元大都的北垣南移五里重建，改安贞门为安定门，改健德门为德胜门，同时改大都为北平，置北平府。大都北垣南移后北京城面积缩小了约五分之二。

明军之所以将大都北垣南移，原来也与我国古代的礼制有关。我国古代实行的是等级制度，不同等级的人群享有不同的权利，城市同样如此，不同行政等级的城市具有不同的规模。《考工记》就对我国古代的都城、侯国与采邑的规划做了明确规定。关于我国古代城市的等级，《左传·隐公十年》说："先王之制，大都不过三国之一，中五之一，小九之一。"孔颖达《疏》曰："王城方九里，公城方七里，侯伯城方五里。"这就是先秦时期我国城市的等级制度。秦代以后我国的城市大体上分为三个等级，即都城、府城与县城，不同等级的城市有不同的规模，其中都城的规模最大，各级城市的城门数、墙高都有规定，不可逾越。明军攻占元大都之际，朱元璋已决定定鼎南京，失去都城地位的北京，按照古制必须采取缩城措施，以降低北京城之规制，令其符合府城之等级，理顺北京与南京的关系，这就是明军攻占北京之后立即采取缩城措施的主要原因所在。

永定门

朱元璋死后,建文帝即位,帝位的更迭很快就在统治集团内部引发了一场权力之争,以北京为据点的燕王朱棣以诛奸臣、清君侧为名发动"靖难之变",将建文帝推翻,登上了皇帝宝座。朱棣上台后,北京作为"龙潜"之地,自然得到朱棣的高度重视,遂决定重改北平为北京,改北平府为顺天府,定为国都。北京地位的变化对北京城提出了新的要求,洪武时期被缩减的北京城明显过小,已不能适应形势变化的需要,因此北京扩城已成为必然。

明永乐十七年(1419年),朱棣决定拓北京南城,将北京南垣南移至今前三门一线重建。南移后的南垣共设三门,各门仍然沿用大都南门旧称,中曰丽正,东曰文明,西曰顺承。扩建之后的北京城基本成为方形形制,皇城也大体改为居中的位置。正统时期,又改丽正门为正阳门,改文明门为崇文门,改顺承门为宣武门。正阳门因在宫城的正前方,所以又俗称前门,门前大街即为正阳门大街，又俗称前门大街，此即前门大街一名之来历。

明初，由于国都南移，再加上战争的长期影响，北京人口骤减，商业与手工业都受到了严重挫折，经济出现萧条。永乐重新定都北京之后，面临的首要任务之一就是振兴都城，发展经济，于是朱棣决定徙南方富户以实北京，这些富户的迁入不仅使北京人口大增，而且还给北京带来了充足的财力，增强了北京商业、手工业发展的物质基础。除此之外，又决定于北京四门、钟鼓楼等处，各盖铺房，召民居住，召商居货，谓之廊房。并将街道分为三等，于商民中遴选出有影响的人物担任廊头，专门负责计庸纳钞，敛银收税，送交官府。永乐兴建廊房的措施对发展前门一带的商业起了重大作用，自此前门之外的商业活动规模日渐扩大。前门大栅栏的商业发于元而成于明，到了明代中期，前门大栅栏即已成为北京最重要的商业繁华之地，这时的前门大街商贾荟萃，货物云集，廛肆之盛，远胜于前。今廊房头条、廊房二条、廊房三条即得名于永乐时期所建的廊房。

新旧二城之冲突——大栅栏的崛起

大栅栏是前门地区最具特色、最富有商业色彩的一条街巷，其知名度之高，远远超过它的规模。街内店铺密集，每天人员络绎，摩肩接踵，最为热闹，可以说大栅栏是前门外商业区的精华所在，凡各地至前门者必至于此。大栅栏位于前门大街的西侧，街巷并不大，全长不足300米，宽10余米，这样一条小街巷之所以能发展成为北京最负盛名的商业街，其决定因素是它所处的地理位置。

明永乐时，北京的南垣南扩至前三门一线之后，一直至民国，北京城再也没有发生大的变动，这就是后来的北京内城。但明代初期，金中都的旧城还在，当时被称为南城或旧城。金中都的东墙位于永定门火车站西南的原四路通至宣武门内翠花街一线，共设三门，自北而南分别为施仁门、宣曜门与阳春门。其中施仁门就位于虎坊桥以西，魏染胡同南口的骡马市大街上。所以新旧两

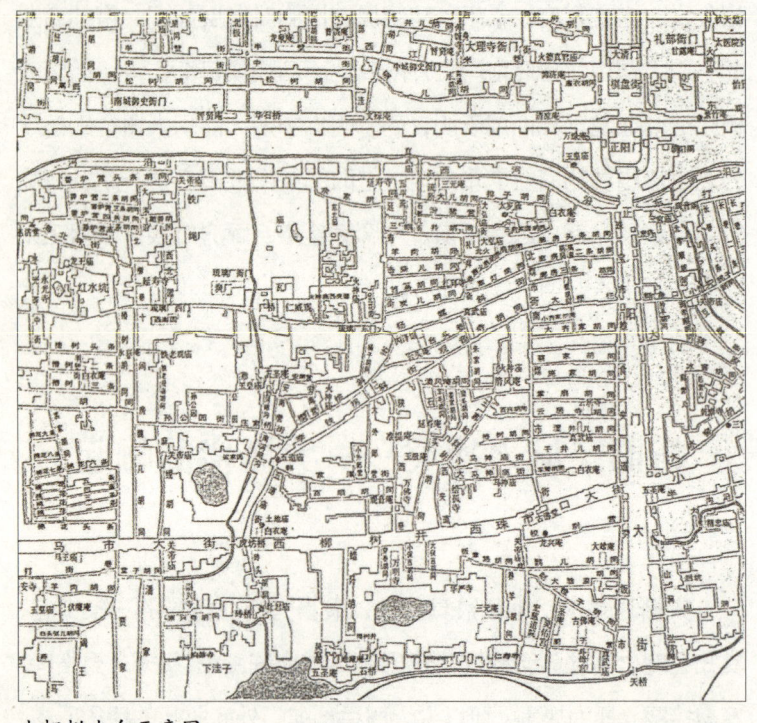

大栅栏走向示意图

城人员或出施仁门往前门，或出前门往施仁门，以东北西南的斜向道路最为便捷。北京城的胡同多取东西走向，南北走向者少，而前门大街以西地区之所以会出现许多东北西南斜向胡同概源于此。

施仁门以东原有一条沟渠，这条沟渠沿南北新华街南流，过虎坊桥后折向东南与龙须沟相接，所以出施仁门欲至前门，首先要过虎坊桥，然后沿今五道街东北行，过铁树斜街、大栅栏西街与大栅栏街，正好抵达前门大街，这条路就是古代从施仁门至前门的斜向道路，也是新旧两城之间的主要交通通道。每天在这条路上来往于两城之间的人员数不胜数，正是这种特殊的地理环境

1960年的前门大栅栏

为大栅栏的商业发展提供了良好的区位优势。大栅栏正位于连接两城斜向道路的东端，与前门大街形成一丁字交叉路口，是两城来往人员的必经之路，在前门外商业区的形成过程中，大栅栏自然也就成为发展商业的最佳地区。

永乐于前门外搭建廊房之际，大栅栏被确定为搭建廊房的首选之地，用以发展商业，很多私商也纷纷在大栅栏开办店铺，使大栅栏的商业店铺数量大增。在前门大街的西侧，大栅栏是自北向南的第四条胡同，因此在明代大栅栏被称为廊房四条或四条。入清以后，为加强治安，清康熙九年（1670年），决定外城仿内城之制，于各胡同口设置栅栏，规定起更之后，官民人等皆禁行走，无故夜行者，分别官民，查议责处。又由于廊房四条的栅栏较为高大醒目，于是这里便被改称为大栅栏。

在北京以栅栏为名的胡同很多，但前门外的大栅栏与其他以栅栏为名的胡同却在读音上具有明显的差异。其他胡同均读作 zhàlán，而前门外的大栅栏却俗读为 dàshilànr（大沙栏儿），这种读音在北京实不多见。原来"栅"字在读音上除读作 zhà 之外，还可读为 shān，即栅栏除可读为 zhàlán 之外，也可读作 shānlán（杉栏），所以这种读音实际上是 dàshānlán（大杉栏）之俗读。

兴建外城，前门大栅栏圈扩入城

我国古代的城市一般包括城与郭两部分，郭是城的外围防御设施，俗语云"三里之城，七里之郭"就是这个意思。但明代初期，到底是定都北京还是定都南京，在统治者内部久不能定，永乐迁都北京后，虽然将北京城南扩，但一直没有下定决心增建北京外城。直到正统时期，定都北京已成为明王朝的最终决策，因此如何经营北京城，加强北京的防御设施就被提到了日程之上。

明初，蒙古贵族北走之后，瓦剌日渐强盛，并不时伺机南下，对明王朝造成了巨大威胁，而北京更是瓦剌南进的首冲之地。为消除威胁，正统十四年（1449年），明英宗与权宦王振率50万大军北征瓦剌，结果于土木堡大败，连英宗本人也成为瓦剌的俘虏，此事史称"土木堡之变"。战败的消息传入京城之后，朝野震动，增建北京外城、加强京师防御已成明王朝的当务之急。

如果说加强防御是修建北京外城的关键因素，那么促使明王朝决定修建北京外城的另一个重要因素就是前门外商业区的形成。经过多年发展，到明中期前门之外已成为北京最重要的商业区，居民人口也大为增加，总数甚至已超过了内城，并在前门外形成了一系列胡同街巷，如在前门大街以东就有东河沿、打磨厂、鲜鱼巷（今鲜鱼口）、蒋家胡同（今大江胡同、小江胡同）；在前

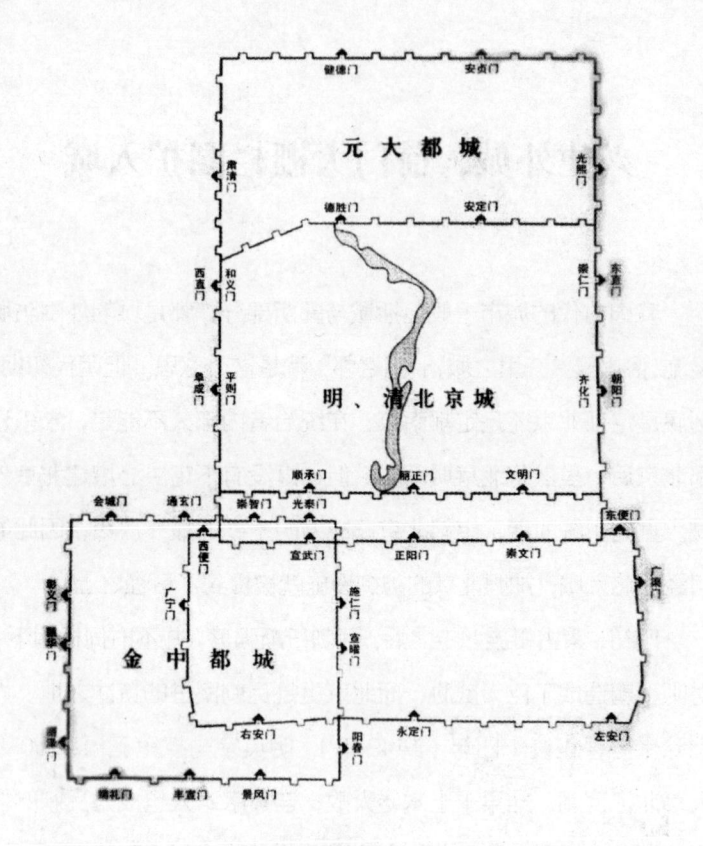

金、元、明、清北京城址变迁

门大街以西有西河沿、廊房头条至四条、王皮胡同、蔡家胡同、施家胡同、张善家胡同（今掌扇胡同）、云居寺胡同（今云居胡同）、井儿胡同（今湿井胡同）、干井胡同（今甘井胡同）、煤市街、猪市口等等，所以保护前门商业区，将这块最繁华的商业廛市纳入城内也日益迫切，故修建北京外城的时机已经成熟。

明成化十年（1474年），定西侯蒋琬以"土木堡之变"为教训，正式奏请修建北京外城，他认为："太祖肇建南京，京城外复筑土城以卫居民，诚万世之业。今北京但有内城，己巳之变，敌骑长驱直薄城下，可以为鉴。"（《明史·蒋琬传》）但这个建议当时并没有马上被采纳，直至嘉靖时期修建北京外城的计划才被付诸实施。嘉靖三十二年（1553年），兵部尚书聂豹提出了修建外城的具体方案，即在北京城的四周修筑一道墙垣，使北京城形制由"口"字形改为"回"字形。但开工不久，即因工程耗资太大，财政难继，只好对原方案进行修改，改为仅筑城南一面墙垣，其余待以后有条件时再修，由是北京城形制便由"口"字形改为"凸"字形，而北京外城其余部分，也因时政变换，以后再也没有增修。北京外城修建之后，前门大栅栏商业街区被纳入外城之内，成为北京城最著名的阛阓之所，直至于今，前门大栅栏商业之繁盛，始终不改。

前门大栅栏商业的长期繁荣，同时也促进了其他行业的发展，在漫长的历史岁月中，前门大栅栏商业街区逐步形成了最具特色的五大行业，即除商业之外还有以戏剧、电影为主的演出业，以酒楼饭馆和风味小吃为主的饮食业，以旅馆住宿为主的服务业和金融银钱业。这五大行业在北京都占有重要位置，由明至民国，前门大栅栏除了是北京的商业中心之外，同时也是北京的文艺演出中心和北京的金融中心。可以说前门大栅栏的发展就是北京经济发展的具体写照，前门大栅栏各行业的发展水平，基本上也代表了北京同行业的发展水平。

清末民初的前门商业街

前门大栅栏商业街区的区域分布

前门与大栅栏是两个地名,从地名的角度看,今前门大街的地理范围主要指北到前门,南到天桥路口的一段街道,而大栅栏更是一条窄小的胡同而已。如果从行政管理而言,今前门以东属东城区前门街道办事处辖界,前门以西则属西城区大栅栏街道办事处属地。然而在人们的心目之中,前门大栅栏则是一片商业街区,是一个模糊的地域概念,它的北端约在前门一带,南端则到珠市口方圆左近,向东包括鲜鱼口(西端)、肉市街、布巷子、打磨厂(西端)、原东河沿(西端)等街巷,甚至可扩延至南北晓顺、大江胡同、小江胡同、长巷一带;向西包括廊房头条至廊房三条、大栅栏街、珠宝市街、粮食店街、煤市街、西河沿（东段）等街巷，甚至可扩延至陕西巷附近，其商业地域之广，范围之大，在北京屈指可数。

前门大栅栏商业街区从宏观上可以分为以下几个区域：

正阳门区域

正阳门以北，皇城之前，明清时期是国家官署机构办公区。这些机构主要分布在千步廊东西两侧。明代，东侧有宗人府、吏部、户部、礼部、兵部、工部、鸿胪寺、钦天监、翰林院等机构，西部有五军都督府、太常寺、通政使司、锦衣卫等机构；清代，位于东侧的机构与明代基本相同，西侧改为銮仪卫、太常寺、都察院、刑部和大理寺。官署机构集中布置在皇城前方，使大臣朝见皇帝更为方便。东交民巷与西交民巷位于千步廊的东西两侧，清末以后，国家的重要金融机构都分布在这里。

千步廊之南，正阳门以北是著名的棋盘街，街道方正整齐，四周绕以石栏，因状如棋盘而名。明代每遇朝会诸典，京营护卫军都要驻足其间。此外，明代在棋盘街还形成了商肆，街之左右，天下士民工贾，云集于此，竟日喧嚣，非常热闹。与其他地区相比，棋盘街最为清旷，每年八月十五时很多人都到这里赏月，街内还有百戏演出活动，观者甚众。清查嗣瑮曾有一首杂咏诗：

棋盘街阔静无尘，百货初收百戏陈。

向夜月明真似海，参差宫殿涌金银。

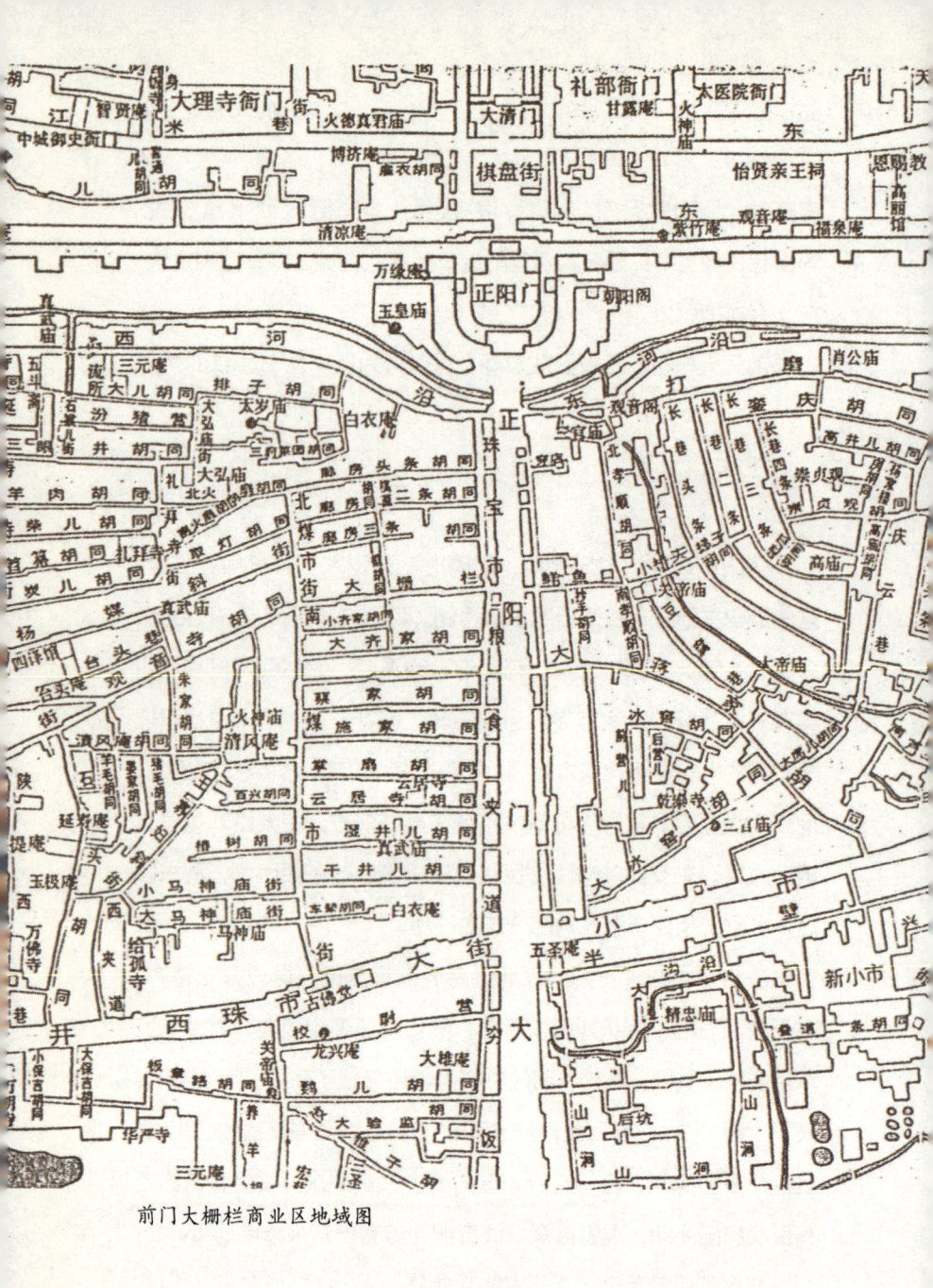

前门大栅栏商业区地域图

诗中说的就是棋盘街赏月观看演出之事。

正阳门月城东门外至正阳桥,形如扇面,有一条傍城夹道称荷包巷;在月城西门外也有一条傍城夹道,形式与东侧类似,称帽儿棚,或帽儿巷,后又称为西荷包巷。在东西荷包巷狭窄的扇面形月墙的走廊里,店铺林立,货物琳琅满目,成为前门最热闹的地方。东荷包巷店铺经营的主要是各种荷包、绳穗等小商品;西荷包巷卖的货物以帽子为主。最初东西荷包巷仅为临时市集,所以搭建的都是棚房,到了清代中后期才逐渐改建为正式房屋。别看两条小胡同规模不大,但每天人来人往,非常热闹。《都门杂咏》中有这样一首诗:

五色迷离眼欲盲,万方货物列纵横。

举头天不分晴晦,路窄人皆接踵行。

正阳门

诗中"五色迷离眼欲盲，万方货物列纵横"所说的就是东西荷包巷的繁盛景象。后东西荷包巷一度被改为正阳商场。进入民国后，为适应形势发展需要，1915 年，正阳门瓮城被拆除，将月墙墙基改建为马路，东西荷包巷及其商市由此而消失。

前门大街

前门的南侧即为前门大街。前门大街的街道布局比较特殊，在前门大街东西铺面房的后面还有两条南北向街道，东面是肉市街与果子市，西侧是珠宝市与粮食店，使前门大街形成了三街南北并行的局面。这种局面是怎么形成的呢？原来最初的前门大街比现今要宽得多，但从明代开始，随着大街两侧商业的发展，搭建的棚房越来越多。

《日下旧闻考》引《鸿一亭笔记》曾记载了明末发生在前门的一件事。"北京正阳门前搭盖棚房，居之为肆，其来久已。"崇祯七年，成国公朱纯臣家在正月十五之际被火烧毁，于是司城之官把任意侵占官街、堵塞道路的棚房，尽行拆除。对这件事侍御金光辰立即上疏皇帝说："京师穷民僦舍无资，藉片席以栖身，假贸易以糊口，其业甚薄，其情可哀。"今将棚房概行拆除，是没有受过离析之苦。他说："若以火延棚房即毁棚房，则火延内室亦将并毁内室乎？"这道奏疏上呈后，皇帝认为有理，于是前门棚房的拆除行动被制止，原有的棚房都被保存下来。

到了清代，这些棚房经过不断改造逐渐成了正式房屋，从而形成了在前门正街的后面还有两条街道的局面。今前门大街珠宝市与粮食店就是棚房以西之街道，肉市街与果子市则是棚房以东之街道。原正阳门前的五牌楼共有五个门洞，但两侧门洞却都被房屋遮盖住，建牌楼之初，断无此理。之所以出现这种情况，即因前门大街形成三条街道之后，使街道变窄，五牌楼的两侧门洞也就被房屋遮挡住了。

前门大街的两旁全部是商业店铺。从前门两侧开始一直绵延至珠市口之南而不绝，北京著名的八大祥中的瑞增祥、瑞林祥、益和祥以及正明斋饽饽铺、通三益干果海味店、都一处烧卖馆、月盛斋、大北照相馆、谦祥益、全聚德、长春堂、正阳服装店等著名店铺都在大街的两侧。

前门大街东侧商业区

前门大街东侧的商业区主要包括前门东大街的西段、肉市街、果子胡同、布巷子、西打磨厂西端、鲜鱼口街西端、珠市口东大街西段等街巷胡同及附近地区。前门东大街、西打磨厂街、鲜鱼口街与珠市口东大街都为东西走向，其余街巷都为南北走向。明清时期，前门大街东侧商业区还应包括东河沿，但随着北京建设的发展，今东河沿的西段街道已不复存在。

前门东大街为北京内二环路之一段，20世纪60年代修建地铁时，在原北京内城城墙与护城河的基础上改建而成。两侧多高层建筑，在靠前门一端除有美国加州烤肉饭店、人人大酒楼、前

前门大街北段东立面鲜鱼口西口

门商业大厦等大型商业、餐饮企业外，还有饮食、服装、副食、修理等小型商业网点。

西打磨厂街是明代形成的一条古街，因胡同内过去多打磨铜器和石器的作坊而名。其西端与前门大街相连，商店较多，中华人民共和国成立以前分布在这里的店铺多为刀剪铺及各种铜铁棕制杂货，今主要为食品百货，大北照相馆、正阳饭庄等都在这一带，原前门火车站也在胡同西口北侧，所以非常热闹。

鲜鱼口街也是明代老街，因街内有鲜鱼市场而得名。此街与大栅栏东西相对，是前门一带最著名的街巷之一，街内的西段百货、服装、食品、副食、餐馆等各种店铺非常密集，每天人员众多，相当繁华。大众剧场、天兴居炒肝店、便宜坊烤鸭店也在街内，过去街内还有天乐戏院。

肉市街北通前门大街，南到鲜鱼口街，在前门地区也是名气比较大的一条街巷，以多肉铺而名。街内有很多饭馆、饭庄，其中最著名的当属全聚德烤鸭店，而正阳楼则以涮羊肉、大螃蟹闻名，街内还有北京现存最早的剧场广和剧场，过去每天至肉市街就餐看戏者颇多，相当热闹。

果子胡同与布巷子东西并列，南通珠市口东大街，北至大江胡同与肉市街斜向相对。果子胡同的北段原称瓜子店，南段称果子市，1965年将两胡同合并改称果子胡同。因有果子市场而得名，

前门大街北段东立面肉市街北口

中华人民共和国成立后,水果市被取消,如今胡同已成居民住宅区。

布巷子胡同在果子胡同之东,南通珠市口东大街,北至大江胡同与肉市街相连。因过去胡同内批发布匹的店铺较多,因而得名布市。今胡同内店铺已多为住宅。

前门大街西侧商业区

前门大街西侧商业区的范围远比东侧为大,繁华程度也比东侧高得多。其中包括前门西大街东端、前门西河沿、廊房头条、廊房二条、廊房三条、钱市胡同、大栅栏、门框胡同、小齐家胡同、大齐家胡同、王皮胡同、蔡家胡同、施家胡同、掌扇胡同、云居胡同、湿井胡同、甘井胡同、珠市口西大街东段、珠宝市街、粮食店街、煤市街及周围附近地区。上述街巷虽然都在前门大栅栏商业街区之内,但实际上有的胡同因规模比较小,基本上以居民住宅为主。

前门西大街是在20世纪60年代修建北京地铁时,在原北京内城城垣与护城河的基础上辟建而成,为北京内二环路之一段,两侧多高层建筑。新建的前门商场、长城酒楼、东方明珠酒家、肯德基快餐厅、北京大碗茶商贸集团等企业都在大街的东部南侧。

前门大街北段西立面西河沿东口及正阳门

前门西河沿是前门地区最著名的街巷之一，因在原前门外护城河的南侧，故名。夏季，护城河的岸边绿柳成荫，酒楼商肆密集，环境清幽而舒适，因此每天到此采购、游玩者很多。清初诗人王士祯有一首同人集河楼下诗，诗云：

下直经旬发不梳，河楼高会翦春蔬。
已喜绿蒲藏睡鸭，更烧红烛射游鱼。
玉河杨柳见飞花，露叶烟条拂狭斜。
十五年前曾系马，数株初种不胜鸦。

前门西河沿东口

这首诗王士祯写的是与友人河边酒楼畅饮之事，一年春季，王士祯与友人到西河沿酒楼畅饮，对"玉河杨柳见飞花，露叶烟条拂狭斜"的良好环境备感惬意，由是信笔成诗。诗中所写虽没有明确提到西河沿，但戴璐依照诗意认为，在河边酒楼畅饮，应为前门西河沿。（见《藤荫杂记》卷九）

过去西河沿有"三多"之称，即市场多、金融单位多、饮食服务业多。清代，西河沿是北京的两大肉市和菜市之一，街的东端还有鱼市，西河沿菜市场就是在原有菜市的基础上发展而成的。著名的华北楼饭庄、华美百货经营部、新新服装店都在街内。

廊房头条也是前门一带最著名的街巷，街内有服装、餐饮、果品、百货等各种小店铺，最著名的是新新服装店。新新服装店原是清末兴建的劝业场，其北门在西河沿，正门则在廊房头条。

廊房二条在廊房头条之南，胡同内原多古玩玉器店，民国时

廊房头条东口

期，曾有"玉器大街"之称。今胡同内仍多服装、饮食商店。

门框胡同是一条很有特色的胡同，该胡同北段原称高家胡同、槁蔗胡同，南段因胡同内有一石砌过街门楼，下有一石门框，故称门框胡同。清末后两段合并统称为门框胡同。此胡同北通廊房头条，南至大栅栏，胡同之内小吃店非常多，平常人们逛大栅栏时，往往到门框胡同内品尝各种小吃，因此逐渐形成著名的小吃胡同，此外还有玉器店铺。今胡同内除小吃店之外还有服装、百货等商店。

大栅栏是前门地区最著名、最具特色的商业街。由于它所处的特殊地理位置，所以很多商家都希望在这里取得立足之地。街内店铺比邻相连，就商业之繁盛而言，实为京师精华之所在，所以到前门者必至大栅栏。经过长期发展，这里聚集了一大批全市最著名的商业老字号，如同仁堂药店、瑞蚨祥绸布店、内联升鞋店、张一元茶庄、马聚源帽店、长和厚绒线铺、天蕙斋鼻烟店等等。清末编纂的《都门纪略》中还收有东兆魁夹皮领子店、永昌号估衣店、天成号丝线带店、云香阁桂花油店、同林堂药店、谦益洋行、二妙堂屏幛铺、聚增厚估衣绸缎皮货店、滋兰斋餐馆、聚元斋饭馆等，可见大栅栏街内商号之多。至今大栅栏第一百货商场、第二百货商场、新时代妇女儿童用品公司等仍在大栅栏之内，另外还有新华书店、服装店、电器商行、食品店等各种商业店铺。除此之外，街内还有庆乐园、三庆园、广德楼、同乐轩、大观楼等影剧演出场所，故大栅栏不仅是良好的购物之地，而且还是观看文艺演出的好地方。清代，内城向来不准开设戏院，因此内城的满族权贵与外城的豪绅富贾都喜欢到前门外特别是大栅栏来看

门框西街

戏，由于演出白天夜晚都不停止，所以到了晚上大栅栏也非常热闹。至今大栅栏每天的客流量仍多达十万人次以上。

珠宝市街与粮食店街都是前门地区的著名街巷。珠宝市北起西河沿，南至大栅栏街，全长仅250余米，两旁各种店铺紧密相连，人员来往不绝。清代，街内多经营珠宝玉器的商行与店铺，是北京著名的珠宝玉器交易场所，所以称为珠宝市。街内银钱业也很发达，清末至民国，街内还有很多钱庄、银号、金店、炉房等银钱业机构。

珠宝市街的西侧有一条小胡同称钱市胡同，清末民国时期，这里是北京最重要的金融交易场所，每天清晨人们都要到钱庄、

前门大街北段西立面大栅栏东口

商号进行银钱交易。中华人民共和国成立后,珠宝市街与钱市胡同的钱庄、银号交易都已停止,现今街内两旁主要是服装、食品等商业店铺。粮食店街北起大栅栏街,与珠宝市相连,南至珠市口西大街,因街内过去有粮食市场而名。粮食店街内每天人员众多,两侧布满各种商业店铺与旅馆,其中最著名的是六必居酱菜园与致美斋饭庄,街内的中和剧场原称中和戏园,也是北京兴建最早的戏园之一。

煤市街位于大栅栏街的西侧,是前门大栅栏商业街区的西部边缘地带。北起廊房头条,南至珠市口西大街,因明代这里有煤市而得名。由于此街紧邻大栅栏,所以也比较繁华。街内多旅馆、饭庄、食品店等小店铺,著名的泰丰楼、丰泽园饭庄以及过去经营唱片留声机的顺昌隆都在街内。

珠市口区域

珠市口是前门大栅栏商业街区的南部商业中心区,泛指珠市口十字路口方圆左近,大致包括珠市口南北地段,珠市口西大街的东段与珠市口东大街的西段。这里交通四通八达，车辆众多，地理位置极为优越，是发展商业的理想之地。明代因这里有猪市，故得名猪市口，清代，谐音雅化改为珠市口。经过几百年的发展，如今的珠市口四周商业店铺密集，网点众多，店铺中多为食品、水果、餐饮、服装、百货等小型店铺，还有化工、医药等商店。珠市口电影院、清华池浴池、新丰园饭庄都在附近。

前门大栅栏商业街区的地理风物

前门大栅栏地区最显要的建筑就是正阳门的城楼与箭楼。远远望去，正阳门城楼与瓮城箭楼南北并列，巍峨高耸，庄严宏丽，成为前门大街北端最显著的标志性建筑物。

正阳门是北京内城之正门，城楼建在砖砌城台上，面阔七间，通高 42 米，通面宽 41 米，通进深 21 米。楼顶灰筒瓦绿琉璃剪边，重檐歇山顶三滴水结构，大脊上置望兽，每面都有檐柱、老檐柱和金柱三层支撑，楼分上下两层，四面辟门。楼下城台正中门洞作拱券式，五伏五券，内券长 9.49 米，宽 7.08 米，外券高 6.29 米，宽 6 米，是供皇帝出入的专用门道。城楼两侧的城墙内侧设斜坡马道连递上下。其高度与体量，在京城九门中无出其右；建筑规格与工艺，在九门中也最为考究、最为精良。

正阳门门外有瓮城，又称月城。瓮城南北长 108 米，东西宽

正阳门及瓮城

88.65米,左中右三面都辟有门洞。瓮城前弧顶部建有箭楼,前楼后厦,通高38米;面阔七间,宽62米;进深20米。上下共分四层,东、西、南三面墙上两檐之间共辟箭窗94个。箭楼的庑座面阔五间,宽42米,进深12米。门洞南侧宽10米,北侧宽12.4米,也是九门箭楼中最高大者。

前门火车站修建之后,常常人员拥阻,交通室塞,1914年,时任内务部总长兼北京市政督办的朱启钤,向袁世凯提出《修改前三门城垣》方案,具体内容是:"拆除正阳门瓮城东西月墙,于原交点处各开两门,旧基址改筑马路。箭楼崇巍则仍留存。"1915年,瓮城城墙拆除完毕,正阳门两侧添砌南北向新墙两幅,箭楼东西增筑悬空月台两座。北平解放时,国家领导人就曾在月台上检阅人民解放军入城式。此外,还在正阳门两侧各开门洞两座,新筑马路两条,皆宽20米,路边还修建有暗沟。改建后的正阳门,便利了交通,缓解了壅塞。1988年1月,正阳门城楼与箭楼被定为全国重点文物保护单位。

正阳门前即为前门大街,街道笔直南伸,向南直达永定门。

前门大街最初为土路,明万历八年(1580年),"题准用砖石拦砌,以防车碾作践",由此前门大街被改建成为北京城内为数极少的石路。

沿街南行过天桥再向南即为天坛。明清之际,前门大街为皇帝到天坛祭天时的必经之路,故前门的中门设而不开,仅供皇帝出入,东西二门才为官民行走。清代,在前门大街还有一项特殊的规定,正阳门只许轿子出入,车辆却不准通行,所以北京的官吏都乘轿而不坐车。

明清时期,北京的城门每天都要按时开启关闭,庚子之变后,因各国使馆多在前门之内的东交民巷,为出入方便,则改为上半夜开左门,下半夜开右门,使出入前门大为便捷。过去在关城门或开城门时都要以敲钟或打点为号。每天天亮或天黑时,北京各城门的打点与敲钟声就会传遍上空,声音一停,城门就要打开或关闭。

点是一种金属响器,形状扁平,上有一孔以供穿绳悬挂。北京内城的正阳、宣武、朝阳、东直、西直、阜成、安定与德胜八个城门的启闭每天都以打点为号,唯独崇文门例外,每天以敲钟为号，因而在北京群众中不仅留下了"九门八点一口钟"这样一句俗谚，而且还产生了一则民间故事。

据传，北京过去被人们称为"苦海幽州"，在崇文门一带的地下有一个海眼，这个海眼直通向大海，经常给人们带来水患。不知在什么时候，也不知道是谁令一个癞头乌龟，趴在了海眼处，挡住了汹涌的海水，不让水流出来，这样北京才得到了安宁。明初，刘伯温与姚广孝修建北京城时，就将崇文门修建在乌龟的背上。一天晚上，守城的军士做了一个梦，梦见大乌龟对他说："我压在海眼上已这么多年了，现在又整天背着城门，什么时候才能让我出去呢？"看门的士兵立即向刘伯温报告。刘伯温说："回去告诉老乌龟，只要它听到打点的声音后就可以出去了。"之后刘伯温命人把崇文门上的点改成了钟。这样老乌龟永无出头之日，北京城却再也不用担心水患了。

正阳门的南侧是内城的南护城河，河上有正阳桥。最初为木桥，明正统四年（1439年）改为汉白玉石拱桥。桥之南立一牌楼，这就是著名的五牌楼，也是前门大街最重要的装饰性小品建筑，因有五个门洞而得名。五牌楼亦建于明正统四年（1439年），其上油漆彩绘，雄伟壮观，额上金书"正阳桥"三字，在北京的牌楼之中以其规模最大。很可惜，1958年，为方便交通五牌楼被拆除。2001年，五牌楼在原址复建，两端为水泥基柱，中间为悬空式，仍为五楹彩画。复建后的五牌楼已成为前门大街的重要景观。

20世纪初，前门火车站的修建无论对北京还是对前门大栅栏的发展都是一件大事。北京最早出现营业性铁路是清光绪七年

正阳门五牌楼

（1881年）建成的唐胥（唐山—胥各庄）铁路，后这条铁路几次延长，光绪二十七年（1901年），铁路由永定门之西延长至前门，并在前门大街北端东侧兴建北京站，因在大街东侧，故又称东站，铁路也被改称为京山线。几乎与此同时，卢汉铁路也由西便门沿护城河北岸自西向东修至前门，并在前门大街北端西侧修建了北京西站，铁路由此改称京汉铁路。光绪三十二年（1906年），京汉铁路全线建成通车，北京西站遂成为京汉铁路的客运始发站。

这两个火车站的建成，使前门大街成了北京客运铁路的枢纽中心。以往南方人员入京或走良乡，或沿京杭大运河经通州入朝阳门，入京铁路修通之后，前门火车站成了出入北京的主要关口，大批外地人员集中到前门一带，给前门大栅栏各业发展增添了新的动力，使这里更加繁华、热闹。1959年，北京站建成后，前门火车站被废止。

清末民初，北京的交通工具主要为人力车，20世纪20年代以后，有轨电车与汽车等现代交通工具逐渐发展起来。1924年，北京的第一条有轨电车开通，线路自前门至西直门，每天有十辆有轨电车往来运营，车票分头等、二等。不久起点站由前门南延至天桥。后北京的有轨电车线路又开辟了五条，总计达到六条。由天桥经前门至西直门线路为第一路，第二路由天桥经前门、东单至北新桥，其余四路都不经过前门。现代交通工具的出现使前门一带的交通更加方便。中华人民共和国成立后，为改善北京的交通状况，市政府决定发展无轨电车，于是自1958年开始，有轨电车陆续被拆除，1966年，北京的有轨电车全部拆除完毕，有轨电车自此而消失。

前门大栅栏地区主要是商业，文物古迹较少，只在部分胡同

驶往前门火车站的第一辆蒸汽机车

内有一些小寺庙，但规模与影响大多都比较小，此外明代的李皇亲新园也在前门大街以东一带。

前门大街东侧原有三里河，元代称文明河，是连接通惠河的漕运通道，到了明代，河道日渐萎缩，正统时期，修浚城壕，恐雨多水溢，乃穿正阳门桥东南洼地开濠口泄水，始有三里河名。自濠口八里始接浑河旧渠，后河道干涸，两旁住宅日渐增多，由是形成街巷。因房屋大多沿三里河修建，所以造成前门大街东侧的胡同多为西北东南走向。明万历时，武清侯李伟在三里河之旁修建了一处新园，将三里河水引入园内，新园遂以水胜。水中可以泛舟，在水之周围修建的是亭廊。东有梅花亭，砌亭为瓣五，镂为门为窗，墙上绘的，地上用石子铺的，都是梅花的形状，故而名之。李皇亲新园是明代前门东侧一带最著名的私家园林，到清代已全部废圮。

前门大栅栏地区的寺庙，在东河沿有萧公堂、崇真观、天庆寺、慈源寺、清化寺，鲜鱼口新潮胡同有二忠祠，西河沿有关帝庙，湿井胡同有真武庙，车辇胡同有观音寺，粮食店有火德真君庙。在这些寺庙中，最为著名的则是前门瓮城中的观音庙与关帝庙。

在前门瓮城之内，门洞的东西原各有一座庙宇，东为观音庙，西为关帝庙。这两个庙宇都与明末将领洪承畴有关。明中叶后，东北后金政权日渐强大，对明王朝构成了严重威胁，双方几次进行军事较量，明军多以失败而告终。崇祯时期，洪承畴为朝中重臣，初任兵部尚书，后调任蓟辽总督，抵抗清兵，可以说崇祯对其充满了希望，然而战争的结果却以失败告终，洪承畴也投降了

大栅栏老照片（20世纪40年代）

清。消息传至北京，朝中大臣向崇祯伪奏洪承畴战死于疆场，致崇祯异常悲痛，决定给予洪承畴以极高的礼遇。

前门瓮城中的观音庙本为祭祀洪承畴而建，洪降清之事明晰之后，才被改为观音庙。观音庙香火极盛，四方人员纷纷至此拜祭。庙内墙壁之上原还有明万历壬辰修筑都城碑记，由兵部职方司郎中虞淳熙撰文。

关帝庙，建于明初。在我国古代，关羽本为三国蜀将，因骄傲轻敌，为吴军所败被杀。最初关羽在民间影响并不大，自宋代开始，地位扶摇直上，名声越来越大，不仅被封为武圣，还成为民间供奉的神明，所以北京各城门月城之内多建有关帝庙，期望借武圣之威护佑全城平安。北京寺庙以关帝庙数量最多，而香火之盛，则以正阳门为最。清代，皇帝到天坛祭天之后，回宫时也要在关帝庙中拈香。前门关帝庙每年的除夕、元旦、初二日，开庙三天，届时到此祭拜之人数不胜数。每月朔望也开庙门，以受群众香火。庙内还供有大刀三柄，最大的长二丈，重四百斤。其余二刀，一重一百二十斤，一重八十斤。均系清嘉庆十五年（1810年），陕西绥德城守营都司马国镒在打磨厂三元刀铺定铸。开庙时，要举行磨刀典礼，届期将大刀抬出举行盛大磨刀仪式，请三元刀铺派人将刀磨光，然后回归原处。举办磨刀仪式时，旁边观者如云，非常热闹。1914年前门瓮城拆除时，关帝庙与观音庙都被保留下来，直至"文化大革命"期间，这两座小庙才被拆除。

每年正月十五是我国的传统节日元宵节，节日期间除吃元宵、放鞭炮之外，还盛行张灯习俗。明代北京张灯以东城区灯市口大街的灯市名气最大，但到了清代，灯市口的灯市已衰落，而外城前门外的灯会却兴盛起来。每年正月十三开始张灯，十六结束，其中以正阳门月城下，打磨厂、西河沿、廊房头条至三条、大栅栏等地为最。张灯时街内铺户挂出的花灯各种式样，种类繁多，有宫灯、台灯、矗灯、壁灯、砌末灯等，这些花灯方圆不一，大小不等，其形有方圆、磬折、斗亭、钟球、心形、葡萄、葫芦等，上面有的绘人物，有的绘山水，有的绘禽兽。张灯之时，每日前门大栅栏车马喧阗，观者如云，各式彩灯，令人眼目迷离。

在北京还有一个"走桥摸钉"的习俗，每年正月十六，元宵节一过，很多妇女都要结伙群游，祈免灾咎，头前还有一人持香开道，此举即谓之"走百病"。凡有桥的地方，妇女相率以过，谓之"度厄",此举是为"走桥"。此外,妇女还要到各城门洞去摸城门上的铜钉,暗中举手摸中一枚门钉,以为吉兆,此即谓之"摸钉"。原来人们认为摸钉"宜男",凡摸钉摸中之人可生男孩,因此特意赶到前门,过护城河桥,摸前门中门门钉的妇女最多。

清高士奇有一首《灯市竹枝词》,咏叹京师灯景,从中可见北京元宵灯市之大概,其中就有前门夜走桥摸钉的描述。词云:

晴和惬称上元天,灵佑宫西列市廛。
莲炬星球张翠幕,喧声直到地坛边。
堆山掏水米家灯,摹仿徐黄顾陆能。
愈变愈奇工艺巧,料丝画图更新兴。
鸦髻盘云插翠翘,葱绫浅斗月华娇。
夜深结伴前门过,消病春风去走桥。
火树银花百尺高,过街鹰架搭沙窝。
月明帘后灯笼景,字字光辉写凤毛。
百物争先上市夸,灯筵已放牡丹花。
咬春萝菔同梨脆,处处辛盘食韭芽。

这些民俗与寺庙活动,吸引了众多游人,"夜深结伴前门过,消病春风去走桥"使前门大栅栏分外热闹。这些民俗宗教活动也促进了前门一带的商业活动,人们一边游玩一边逛街购物,十分惬意,使前门大栅栏一带更为繁盛。

商　业

商业是前门大栅栏发展的命脉所在,也是前门大栅栏繁荣兴盛的基础,从元代商业初兴发展至今已有700多年的历史。在漫长的历史岁月中,经过历代商贾百姓的辛勤劳动,前门大栅栏早已由郊区的荒野,逐步发展成北京的商业中心,在这块寸土寸金的土地上,分布着数以千计的大小商业店铺,吸引着成千上万的顾客,明代以后,北京的民间物资流通很大一部分都是在这块土地上完成的,可以说前门大栅栏对北京的经济发展具有特殊的意义。

前门大栅栏商业区的发展大致可分为四个时期：

元代至明初是前门大栅栏商业区的萌发与奠基时期，在此期间，伴随元代漕河的通航，前门外出现最早的商业活动，而明永乐时期廊房的兴建，使前门外商业区开始形成雏形。

明代中期至清代中期是前门大栅栏商业区的形成与成熟时期，在此期间，大栅栏商业街以自己的区位优势，最终成为前门外商业区的精华所在，大栅栏的出现是前门外商业发展的重大事件，它标志着前门大栅栏商业区的最终形成。前门大栅栏商业区

大栅栏内灯画店

的规模不仅超过了金中都的北市,也超过了元大都的鼓楼与斜街市,最终成为北京新的最大的商业中心。这种商业中心的形成对北京与外地的物资交流,人民生活的物资保障发挥了重大作用。

清代中期至民国时期是前门大栅栏商业区的大发展时期,在此期间,前门大栅栏商业区继续向四围扩张,最终与东侧的崇文门外花市商业区,西侧的琉璃厂商业区,南侧的天桥商业区形成一个庞大的

大栅栏标志

商业区组团,在北京发展史上商业的这种繁荣景象是从来没有的。另一方面,明代以来所形成的各种棚式建筑,大多都已改建为正式建筑,前门大栅栏的商业街区全部定型。经过明代与清初的发展、竞争,一批经营有道,品质优良,具有独到工作程序与管理制度的老字号开始形成,这些老字号已成为前门大栅栏的商业经典,成为吸引众多顾客的魅力所在。在商业发展的驱动下,文化演出业、食品服务业、银钱业与金融市场都在前门大栅栏一带获

得巨大发展，最终成为北京的演艺业中心与银钱业中心。民国中后期，伴随王府井、西单商业区的兴起与政局的演变，前门大栅栏商业区出现了暂时的萧条。

中华人民共和国成立后是前门大栅栏的第四个发展时期。在此期间，特别是改革开放之后，根据社会发展需要，制定了前门大栅栏商业区的发展规划，对前门大栅栏的商业进行了调整、改造，使其继承和发展传统的经营特色，以适应新的发展需求。同时对一大批老旧商店进行了翻建、改建，增添了新设施，扩大了经营规模，对商业布局进行了合理调整，使许多老字号焕发了新的青春。如果说从元代至民国，前门大栅栏商业区是在自然状态下形成、发展、壮大的话，那么中华人民共和国成立后前门大栅栏商业区的发展则是理性发展阶段。

前门大栅栏的商业发展不仅历史悠久，而且行业门类齐全，商品种类繁多，涉及面极广。既有日用百货、服装、鞋帽、饮食、干鲜果品、烟酒、医药、书籍、钟表、布匹、工艺美术等商品，也有办公、礼品、乐器、陶瓷、电器、照相器材、化工与文化用品等，大到空调、彩电、电冰箱与家具，小到拉锁、顶针、针头线脑，十分齐全。因此每天前门大栅栏一带都是车水马龙，人员来往不绝。

服装百货业

　　服装百货是前门大栅栏商业的重要组成部分，由于与人们的生活密切相关，百货商场、服装店也是最吸引顾客的商业店铺。如今，在大栅栏内最著名的有第一百货商场、第二百货商场、妇女儿童用品商店、宜诚厚商场；在前门大街有前门妇女服装店、亿兆商场、正阳服装时装店、华室主百货商场、华益百货商场；在廊房头条有新新时装公司即原先的劝业场；在鲜鱼口有立新百货商店即原先的黑猴帽店。每天从早到晚，这些商场都是人来人往，顾客盈门，不仅有大量的北京顾客在这里挑选着所需要的商品，而且还有数不胜数的外地来京人员在此游逛购物，准备给家人、朋友带些纪念物与所需物品。

　　位于廊房头条的北京市新新时装公司原是北京著名的劝业场，其南门在廊房头条，北门设在西河沿街。劝业场原为光绪三十一年（1905年）清官府兴建的"京师劝工陈列所"，占地2000平方米。这座陈列所实际上是清政府和工商企业团体联合举办的一处百货商场，由商部直辖，为一西式二层楼房建筑，主要陈列、销售北京与外省各地之天然及人工产品。最初陈列品多为捐献品，其中也有部分外国产品。每天定时对外开馆，公众买票参观，入场费每人铜圆二枚。为照顾妇女购物，还特规定每星期一只许妇女入场。国外妇女不在此限,每天均可入内。宣统二年(1910年)陈列所改为"京师第一劝业场",意为"劝人勉力,振兴实业,提倡国货"。

劝业场与大体同时出现的东安市场不同,东安市场是在一空场之内,集中一批商贩进行交易活动,因而其性质应是市场;劝业场是在一两层楼房内进行交易活动,其形式与现今的商场同,故在北京百货商场发展史上,劝业场应是北京最早的百货商场。在清末,劝业场的出现无疑打破了商店大多单一经营的格局,这种将多种商品集中一地经营的方式显然更加方便群众。

清末,劝业场建成后,很快形成知名度,每天至此者很多。但早期的劝业场为土木结构,不易防火,1918年和1927年即曾两次失火,使劝业场毁于一旦。失火后,劝业场改建成水泥结构的三层营业楼。民国期间,这种三层水泥结构楼房建筑在北京实为少见,因其房屋高大,远别于其他中式建筑,因而成了街内"最足令人注意者"。来到劝业场,"楼层洞开,百货骈列,真所谓五光十色,令人目迷"(《燕都丛考》第三编第三章外二区)。劝业场内经营的货物主要有珠宝玉器、服装鞋帽、棉麻织品、丝织刺绣、金属器物、土特名产等物品。但随着王府井、西单与天桥商业区的崛起,前门外与劝业场的商业顾客有减少之势。1940年劝业场又增建了四楼,并开设了影剧院,安装了电梯,以吸引顾客,成为北京最早采用现代设施进行商业活动的百货交易场所。但在日本侵华期间,劝业场始终业务不振,到1949年时劝业场内的主要经营者仍然是一些私营摊商。

中华人民共和国成立后，政府对劝业场的商贩进行了整顿，保留了服装、鞋帽、百货、照相等行业，并给予贷款和货源支持，业务逐渐兴隆起来。初期，劝业场内进行经营活动的曾达到22个行业，180多个摊位，涉及日用百货、针棉织品、珠宝玉器、特种工艺、五金电器、搪瓷器皿、食品糖果、纸张文具等多种商品。后又增加了理发、照相、镶牙、画像、篆刻、书法、乐器以及服装加工服务等业务，使每天光顾劝业场的人员络绎不绝，劝业场也成为人们到前门大栅栏之后，光顾频率最高的商业场所之一。

1960年劝业场改为百货批发市场。1970年由北京市服装公

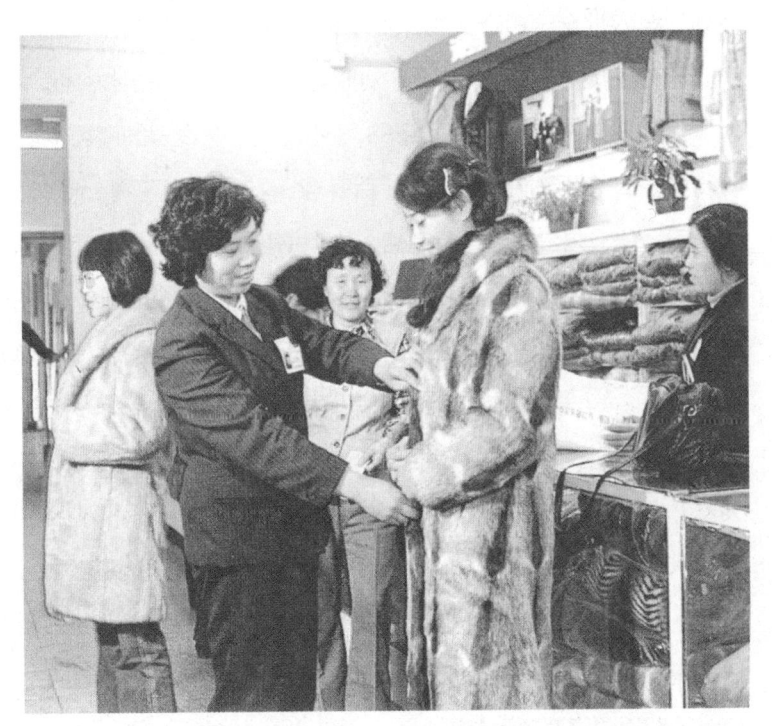

新新服装店裘皮服装

司接管，改为新新服装店。新新服装店成立后，经营品种、服务项目、销售收入都有较大的发展。1984年对大楼进行了彻底整修，填平了天井，添置了橱窗，安装了灯光、空调等现代化设施，扩大了营业面积。三层楼的营业厅总营业面积达到4700平方米，比原来扩大了1000平方米。主要经营四季高、中、低档男女各种服装，还有手套、箱包、美容化妆品等，总计5000余种商品。2001年，为适应市场经济和旅游业发展的需求，经调整改为新新宾馆，有客房200多间，设有大、小客厅及餐厅，可接待百余人的会议。2006年，劝业场旧址作为"大栅栏商业建筑"的一部分，被列为第六批全国重点文物保护单位。2011年，西城区开始对劝业场进行保护性修缮。如今，劝业场已变身为文化艺术中心。

民国期间，在大栅栏西街33号还曾有一个青云阁商场也很有特色。青云阁约在1918年前后开业，其功能集购物、餐饮、娱乐于一体，内设时新百货商店、小型演出厅、书社、茶社，还兼营文物字画、珠宝书籍及相面测字等，在当时是文人雅士休闲或亲朋好友会聚的清雅之处。其内尤以玉壶春茶社的品茗和餐饮小吃较有名气，如鸡肉饺、糖油包、水晶糕、一品山药等小吃都很受顾客欢迎。鲁迅先生在绍兴会馆居住时，即常在青云阁品茗会友。青云阁存在时间较短，大约在20世纪二三十年代停业。

大栅栏第一百货商场、第二百货商场、新时代妇女儿童用品商店、前门妇女服装店都是大栅栏街内的著名服装百货商场。大栅栏第一百货商场与第二百货商场都在大栅栏街北，东西并列，两者的规模与经营项目差不多。

前门商业大厦

大栅栏第一百货商场开业于1952年，原为北京市百货公司第二门市部，1958年调整商业网点时改为第一百货商场，占地面积1316平方米，总建筑面积1819平方米，三个营业厅营业面积共有730.2平方米，为一座中型百货商场。主要经营日用百货、针棉织品、毛衣毛线、服装鞋帽、家用电器、化妆用品、日用杂品、工艺美术品等，除高中档商品外，也有针头线脑等小商品。

新时代妇女儿童用品商店是1958年为了满足儿童生活、学习和锻炼的需要，在原北京市百货公司第二门市部的基础上建立的儿童用品商店，也是北京市第一家专为儿童服务的商店。后为使顾客购物方便，在经营妇女儿童用品之外，也兼营针棉织品、服装鞋帽、玩具童车、日用百货、文具用品、家用电器、食品烟酒以及工艺礼品、黄金首饰等商品。

前门妇女服装店位于大栅栏东口，为北京第一家也是规模最大的专营妇女服装的商店。它的开设还与中央领导有关。20世纪

新时代妇女儿童用品公司

50年代，在劳动人民文化宫举办的"全国服装展览会"上，北京的妇女服装品种很单调，远远比不上上海、广州等地的产品。参观完展览之后，中央领导同志对此非常关心，指示北京要成立一家专营妇女服装的商店，以满足广大妇女需要。1956年，由上海培罗蒙时装店和鸿翔时装公司选调了8名服装技师，在大栅栏开办了前门妇女服装店。商店成立后，除销售成品服装外，还采取前店后厂方式，为顾客量体定做。1988年，前门妇女服装店扩建为一座民族风格与现代装修相结合的三层营业大楼，扩大了高档服装的加工业务。以销售自己设计、自己生产的服装为主，也兼营全国各地的名、优、特、新服装产品。专设了华表、友谊、长城、伊里兰、大华、北京衬衫厂等厂家的名牌商品专柜。此外还经营呢绒、毛料、化纤、丝绸等各种衣物面料与皮货。地下营业厅还有黄金首饰、化妆品和金利来等丝绸系列制品专柜。前门妇女服装店于20世纪90年代停止营业。1999年重新组建为"宜诚厚商场"。

　　位于前门大街的服装百货商场主要有亿兆商场、正阳服装时装店和华益百货商场，其中以亿兆商场最为古老。亿兆商场位于前门大街58号，始建于1935年。由长春堂药店经理张子余投资1.8万元开办。亿兆商场在日本、上海都设有办事处，直接进货，且多为名牌，所以买卖兴隆，成为经营高档产品的名店。1967年曾改名为春秋针织毛纺商店，1980年改名为亿兆针织毛纺商店，1986年改建为三层楼房，恢复亿兆商场之名。主要经营针织品、毛纺织品、床上用品、化妆品等，尤以毛织品品种齐全、花色繁多而闻名。正阳服装时装店、华益百货商场等也以经营服装百货为主。

亿兆商场

八大祥绸布店

在清道光之前，前门外细布批发市场主要在布巷子，而门市则散布于各处。在大栅栏以北有十余家，珠市口南北也有几家，如珠宝市的庆长，大栅栏的隆庆、天成信，鲜鱼口的天有信等都是前门外有名的绸布店，但最有名的还要数清末兴起的八大祥绸布店。这八家绸布店不仅在北京人人皆知，甚至外地很多地方也都知道北京有个八大祥，可见其名声之盛。这八大祥是瑞蚨祥、瑞林祥、瑞生祥、谦祥益、瑞增祥、益和祥、东升祥与丽丰祥，八大祥全部出自山东章丘孟氏。八大祥中除了东升祥与丽丰祥分别在东四与西四外，前六家都开设在前门一带。

山东孟氏祥字号创始于清同治年间。章丘孟氏乃当地望族，孟子之后，其所开绸布店之名多带"祥"字，此外，孟家还开有银号、茶店、金珠店、当铺、皮货店、织布厂、染坊等企业，遍布天津、沈阳等全国十几个城市。孟家最初以经营土布为主，后见洋布销售渐旺，遂在北京投资开办销售洋布的绸布店。最初在前门外开设的绸布店只有瑞林祥、谦祥益两家，一在前门西月墙，一在前门东月墙。此二祥营业扩大，兼营粗细洋土布匹与绸缎。继而又在打磨厂路南开办了瑞生祥，在珠宝市路西开设了谦祥益的分支益和祥；瑞林祥的分支在鲜鱼口外，曰瑞林祥东记；瑞生祥的分支在打磨厂口，曰瑞增祥；瑞蚨祥则在大栅栏。前门瓮城拆除后，谦祥益迁至廊房头条，而瑞林祥则并入鲜鱼口瑞林祥东记，仍然是六家。在八大祥中以瑞蚨祥与谦祥益两家最为殷实，而瑞蚨祥则更胜一筹，位居八大祥之首。

瑞蚨祥绸布店位于大栅栏5号，清光绪十九年（1893年），山东章丘孟雒川出资开设，由远房叔侄孟觐侯经营。"庚子之变"，大栅栏一片火海，瑞蚨祥、瑞林祥、瑞生祥也毁之一炬，资金丧失殆尽。有的从此一蹶不振。事后孟雒川深感损失惨重，已无力恢复旧观，决定歇业。但孟觐侯坚持重整旗鼓，并表示不需东家增加资本，可以自行筹措资金。孟觐侯在经营瑞蚨祥之际，曾与商界、金融界交厚，于是在其奔波之下，最终得到金融界的无限额贷款，仅用一年多时间便在大栅栏路北建起了北京最大的绸布零售商店，使瑞蚨祥得以在光绪二十七年（1901年）秋复业，从此瑞蚨祥进入发展的黄金时期。

瑞蚨祥与谦祥益虽为同宗，但在买卖上却从不相让，竞争极为激烈，为了压倒对方甚至不惜赔本售货，所以大栅栏之内只要一有够局面的铺面房出售，不论价格高低，瑞蚨祥一定设法搞到手，不让谦祥益进入大栅栏，由是到了光绪末年，瑞蚨祥在大栅栏内又开设了西鸿记绸布店，鸿记皮货店，东、西鸿记茶叶店等五个门市部。孟觐侯与同仁堂乐家素有交往，通过乐家的关系，每处铺面房都能顺利搞到手。此外孟觐侯在大栅栏路南还购置了一处有花园的办公处，作为进行社会活动与办公之地。至此，瑞蚨祥成为声名最显赫的绸布店。当时北京流传着一句俗语："头

瑞蚨祥

顶马聚源，脚踩内联升，身穿瑞蚨祥，腰缠四大恒。"意即一个人具备这样的穿着打扮才称得上高贵、气派。其中马聚源是北京著名的帽店，内联升是著名的鞋店，四大恒是资金最雄厚的四个钱庄。由此可见瑞蚨祥绸布店在北京的名望之隆。

瑞蚨祥因以商品齐全、货真价实、服务周到为经营特点而赢得广大顾客的信赖。瑞蚨祥非常重视进货，对质量优良、式样花色新颖的商品，特别对新产品尽量抢先收购。如苏、杭两地的高档绸缎，南京的青大缎等高级产品均派专人前去挑选。为了销售款式新颖、花色绚丽的丝绸、布匹，瑞蚨祥往往还向厂家定织，称之为"定机"，即由瑞蚨祥设计花样、颜色，委托设备好、技术力量强、原料好的厂家定织，并在布头上绣有"瑞蚨祥鸿记"字样。因定机产品比市面通行的布匹货色好，又是独家销售，所以可以获较高利润。

瑞蚨祥销售的商品高中低档都有，不仅有大众化的粗细白布、花布，还有定机织染的双青布、宝蓝布，这些布织染后，都要打捆入库，"闷色"起码半年，这种布色泽匀，布面平滑，光泽好，手感绵软滑利，厚实，不易褪色。为了保证布匹尺寸，根据新布有缩水的特点，有的棉布还采取买十加一的让尺办法。此外瑞蚨祥还经销沙发布、窗纱、呢绒、哔叽等高级毛料纺织品。销售方法上除售货员接待顾客外，货场内还实行敞开货架任顾客自选，还在橱窗内陈列商品进行广告宣传，从而使瑞蚨祥获得很高的声誉。

抗日战争爆发后，通货恶性膨胀，再加上日本洋行大量走私进口纺织品，使瑞蚨祥的销售逐渐走向下坡。1939年，孟雏川去世，其子孙争先抽资分户，单独开设企业，使内部矛盾日渐加深，生意一年不如一年，到了1947年已成外强中干之势。1948年金圆券发行后，抢购风潮四起，瑞蚨祥只好以修理门面为由暂时歇业。1949年后，瑞蚨祥得到了恢复和发展，1954年瑞蚨祥主动申请公私合营，经过批准于当年12月1日正式宣布私营的瑞蚨祥至此结束。公私合营后的瑞蚨祥除继续经营绸缎、皮货和布匹外，又增添了毛呢和化纤织品，不仅零售还兼营批发业务，经营品种达到1800余种。

谦祥益开业于清光绪十年（1884年），至今已有120多年的历史，也是八大祥中著名的老字号。谦祥益最初在前门西月墙，前门瓮城拆除后于1915年迁至廊房头条路北，将聚泰德干果店的铺底倒了过来,建成了一个门前有小广场,上有高大铁罩棚,门前布局很有特色的大店铺。1953年谦祥益又迁至位于珠宝市北口的分号益和祥中,合并后统称"谦祥益"。清末民初,谦祥益与瑞蚨祥的竞争十分激烈,在天津,瑞蚨祥不是谦祥益的对手,但在北京,谦祥益却始终竞争不过瑞蚨祥,一直处于下风。谦祥益主要经营我国各省市生产的丝绸,还经营丝绸服装及其他产品,并兼营呢绒、布匹、毛料和皮货。1987年由商业部决定改名为北京丝绸商店。

一进大栅栏东口,路北第一家商号是大栅栏内另一家著名的绸布店祥义号,现为宜诚厚商场。祥义号位于瑞蚨祥的东侧,两家东西为邻,门口的铁栅栏门面非常气派,给每一个到大栅栏游逛的人都留下了深刻印象。祥义号由清光绪年间慈禧太后的太监小德张投资兴建,距今也已有100多年的历史。小德张是清末最后一位太监大总管,原名张祥斋,字云亭,河北静海县人。

宜诚厚(原祥义号绸布店)

15岁入宫，宫号"小德张"，因办事机敏，深得慈禧太后的赏识，连连得到提拔，庚子年后提升为御膳房掌案。祥义号绸布店开张后，由于投资人身份显赫，因而货源渠道广阔，产品品质卓越，吸引了为数众多的消费者，使祥义号一跃成为北京绸布业另一著名店铺。

为了吸引顾客，争夺市场，祥义号与西邻的瑞蚨祥展开了激烈竞争，从商品销售到门面装修寸步不让。起初两家都是普通的门面，后瑞蚨祥在店门前圈了个小院，并装上了大铁门，祥义号见状也把店前小院的砖墙拆除，换上了更加高大、精美、镶有花饰的铁栅栏门面，企图在门面上压过对手。瑞蚨祥一看祥义号如此较劲，于是又把店前铁罩棚改成可升降的铁罩棚，祥义号随即也改装成了活动的铁罩棚，且比瑞蚨祥更高。两家的明争暗斗，实际上是看谁更财大气粗，以此吸引更多的顾客。

1956年，祥义号被更名为"前门妇女服装店"，以经营妇女服装为主。为适应市场经济发展，1999年经重新组建后，秉承"宜民、诚敬、厚道、稳顺"的商业理念，更名为"宜诚厚商场"。现店内主要经营国内外男女精品时装、中式服装、戏装、练功服、中老年服装及绸缎布匹等。

祥义号绸布店原建筑为地上两层，木结构，20世纪80年代，改建为三层，混合结构。前立面用欧式铁栏做铁花装饰，上盖铁雨棚，雨棚下挂铁花眉子，做工精细，现保存完好，1995年定为北京市文物保护单位。

鞋帽业

北京著名的鞋帽店大都分布在前门大栅栏一带,"头顶马聚源,脚踩内联升"中的马聚源与内联升就都位于大栅栏内。除此之外黑猴帽店、盛锡福帽店、步瀛斋鞋店、天成斋鞋店、一品斋鞋店也都是前门大栅栏地区的著名老店。为了买一双穿着舒适的鞋,买一顶漂亮帽子,每天都有很多顾客从各地来到前门外。

马聚源帽店开业于清嘉庆十六年(1811年),店址最初在鲜鱼口街,1958年才迁至大栅栏。在北京,马聚源被誉为帽业之首,

马聚源帽店

其所制之帽用料讲究、做工精细、质量上乘、优质优价，而且根据市场需求随时更换品种，满足供应，因此深受顾客欢迎，信誉极好。马聚源最初主要生产满式皮帽、缎帽，1949年后，根据形势变化和人们的需要，增加了一大批新品种、新花色，不仅生产满式皮帽，还有汉、蒙古、回、藏、苗、维吾尔等各民族帽子，花色品种达100多个，成了"民族帽店"。此外还大量生产美式、苏式、大众化长毛绒帽、水獭、狸子、旱獭等优质皮帽，深受国内外顾客欢迎。以后除销售民族帽、舞蹈帽、男女皮便礼帽、凉帽外，又增加了"简爱"帽、博士帽、罗宋帽、前进帽、大檐帽等品种。马聚源帽店原在大栅栏路北，独立经营，1990年大栅栏商业街调整网点布局时迁至步瀛斋鞋店内，设马聚源帽子专柜，继续生产销售各界、各民族顾客所需要的帽子。

在鲜鱼口内有一家帽店，别看规模不大，在过去知名度却很高，这就是黑猴帽店。鲜鱼口内原开设的帽店与鞋店比较多，如五洲帽店、震寰帽店、杨少泉帽店、田老泉帽店、天聚斋帽店、马聚源帽店、李佩芝帽店、瑞记帽店、浣云阁帽店等都在其内。其中杨少泉帽店、田老泉帽店（又被称为黑猴帽店），以经营毡鞋毡帽为主，买卖兴隆，京城内外远近闻名。

关于黑猴帽店的来历，金受申在《北京的传说》中讲了一则民间故事。明末清初，在西山脚下有一个猎户，一次，他在深山打猎时遇到一只类似猴的怪物，通体黑色，其他动物都很害怕它。为了搭救其他动物，猎户打死了这只黑怪物，因其皮毛十分柔软，猎户就把皮毛剥下带回了家，经辨认原来这只怪物叫黑猱。后这张黑毛皮卖给了一个大官，猎户用这笔钱开了一个帽店。为了不忘这只黑猱，猎户做了一只木制黑猱放在门口，因其像猴，所以人们就叫它黑猴，从此这个帽店也就被人们叫成了黑猴帽店。

显然这是一个动人的民间传说，北京也没有什么黑猱。关于黑猴的来历，据经营黑猴产品的老职工介绍：约在明末，有一个做帽子的山西人在鲜鱼口开了一间帽店，字号杨小泉。他身边养了一只黑色的猴，无论在什么地方这只小猴都不离左右。由于他善于经营，帽子生意越做越红火，大家虽然都不知他姓什么，但只要一提养黑猴的，人们就知道说的是谁。掌柜的去世之后，人们为了保住小店的生意，就做了一只木制黑猴放在店门口作为标志，以此招揽生意。久而久之，这个有特殊标志的帽店名气越来越大，店名也被叫成了"黑猴"。因为"黑猴"的生意好，所以又有人办起了杨少泉帽店、田老泉帽店，也都做一个黑猴放在店门口，最后田老泉帽店的生意越做越大，成了鲜鱼口内最出名的帽店。该店20世纪50年代初曾改名震环百货店，据说当时黑猴还在，60年代商店又改名为立新百货商店，黑猴就没有了。

盛锡福是北京另一个著名的帽店，位于前门大街路西，创办于1914年，厂址设在天津，系合资经营，以生产草帽为主。1925年由刘锡三独资经营，改名盛锡福制帽厂，并于1936年在前门建立分号。因所制帽子质地优良、款式新颖、样式美观大方而受到顾客欢迎。

在前门外最著名的鞋店是位于大栅栏南侧的内联升。该店的店名取得颇有深意，"内"指大内，"联升"取自"连升三级"之意，从而迎合了一些人期望仕途通达、步步高升的愿望。内联升开业于清咸丰三年（1853年），至今已有150多年历史，创办人是河北省武清人赵廷。

赵廷深谙经商奥秘，将服务对象定在皇亲国戚、宫廷官宦身上，专为他们制作轻便舒适的千层底靴鞋。由于做工精细、选料考究，名声渐显，很快就受到各级官吏的认可。为做好朝靴，赵廷还挖空心思专门收集王公贵族和京城内外显官的靴鞋尺寸、样式及其特殊喜好，将其汇编成册，取名《履中备载》，有了这份资料，为这些显贵购鞋提供了很多方便，也为交结官场提供了便利途径，因而得到文武百官的欢迎，甚至皇帝登基也要穿内联升做的靴子。内联升独家享此殊荣，生意十分兴隆。

民国以后，内联升采取更加灵活的经营策略，根据顾客需要及时调整款式，制作精细，质量绝不含糊，因而顾客始终光顾不衰。鞋面用的缎子，专门选自南京产的上等贡缎，缎面厚实、色泽黑亮、不起毛茬。后又增添了礼服呢面，也是选用进口料子，质地细软，乌黑有光。鞋底制作更加讲究，选用上好整白布打成袼褙，绝不使用麻质、丝质及碎破旧布做

内联升

袼褙原料。袼褙要求骨力平正，薄厚一致。纳底时用温州上等麻绳，要求针脚齐、勒得紧，每平方寸要纳 81 针以上。纳成后还要放到 80℃~100℃热水中浸泡，然后用棉被包严热闷，软后锤平，整形晒干。这样加工的千层底坚固耐磨，不易走样，柔软舒适，具有吸脚汗的功能。粘鞋帮平正挺括，缉鞋口宽窄一致，因而做好的鞋极难变形走样。

内联升店址最初设在东交民巷，八国联军入侵北京之际，东交民巷成为一片火海，内联升也未幸免。事后赵廷又筹集资金在奶子府重建内联升，民国期间店址迁至廊房头条。1958 年，内联升再由廊房头条迁至大栅栏。1989 年又在永定门外建了一座 4600 平方米的厂房，增加了皮鞋、冷粘布鞋、注塑皮鞋等 300 多个品种、型号。该店还保持了为顾客定做皮、便鞋的优良传统，根据顾客脚的大小、畸异画样定做，为特型残病顾客排忧解难。由于内联升的布鞋质量高超，不仅中央首长喜穿内联升的布鞋，有的外国元首来访时也慕名购买一双千层底布鞋作为纪念。

大栅栏路南还有一家清代老店步瀛斋鞋店，该店开业于清咸丰八年（1858 年），原址在前门西月墙下，因生产的蟑螂肚薄底快靴，穿着舒适、结实，深受练武人员欢迎。后迁至大栅栏，改营千层底布鞋、绣花鞋和各式皮鞋，因所生产的鞋以做工精细、用料考究而闻名。步瀛斋曾一度改名东升鞋店，1987 年房屋进行了翻建，1989 年 2 月 16 日开业时恢复了老字号。

前门大街路西的天成斋鞋店，始建于清代，也是一座留存至今的老店。该店经营的各种布鞋以穿着舒适、品种齐全而久负盛

步瀛斋

名。前门外原还有一个名叫一品斋的鞋店，据说开业于明末，其历史更加古老。一品斋门脸儿不大，以制作靸鞋和双脸鞋而闻名。1956年商业网点合并时，这间一品斋鞋店被撤销。

医药业

我国传统的疾病防治方式是采用中药，北京的中药业大致可分为药铺、药铺兼批发、药局、参茸庄、行店、成药店等几种类型。中华人民共和国成立前北京的中药批发多集中在崇文门外，参茸庄多集中在杨梅竹斜街，而医药商店则多在前门大栅栏。这里不仅有以同仁堂为代表的多家大小中药店铺，还有经营批发业务的药行。西方医学与医药传入我国之后，在前门外又出现了西药房。

根据1914年至1923年的统计，前门大栅栏一带的中西医药店多达70多处，这些店铺主要是：

打磨厂内的久泰药铺、久大西药房、保春堂花柳药房；

大栅栏内的同仁堂、保太和药店、万国大药房（义善总局内）、伊尹大药房（义善总局内）、屈臣氏大药房、回春大药房、中西大药房、同济堂参茸庄、华美西药房，中法西药房、中英西药房、老德记西药房、亚康西药房；

大齐家胡同内的福兰堂药铺、义和药铺；

西河沿内的马云龙眼药铺、前鸿胪寺赵宅售药处（后改志仁堂药铺）、赵氏金丹丸药铺、永丰参局、复瑞参局、高守田丸药铺、广德堂段氏丸药铺、毓灵堂陆氏丸药铺、赵文卿丸药铺、即明堂丸药铺、马应龙眼药铺、同春和膏药铺、永丰成参茸庄、同义参茸庄、鼎和参茸庄、大有昌参茸庄；

前门大街的文魁堂王回回药铺、育宁堂药铺、南山堂药铺、南庆仁堂药铺、南山堂北号药铺、济生堂药铺、体乾堂药铺、崔氏瓣香炉丸药铺、中美西药房、五洲西药房、广德堂花柳药房；

取灯胡同内的济安堂；

廊房头条内的合兴成参茸庄、志信参茸庄、颐龄堂参茸庄；

廊房二条内的史敬斋药铺、史敬齐眼药铺；

廊房三条内的文秀斋药铺、同义堂红花藏香局；

湿井胡同内的保康大药房；

同仁堂老药铺门面

　　培英胡同内的杨仲大药房、王华峰花柳药房；

　　大栅栏西街内的中英大药房、西博济堂药铺、锦昌参茸庄、北洋西药房、华英西药房、华欧西药房（青云阁内）；

　　鲜鱼口内的南博济堂药铺、德华堂闻药铺；

　　北晓顺胡同内的王医生花柳药房；

　　三里河的纯一堂药铺；

　　粮食店街内的义和堂药铺；

　　珠市口西大街的广生堂药铺；

　　陕西巷内的德育堂药铺、同济西药房；

　　大蒋家胡同内的振业甘草公司、同善堂花柳药房、宏济堂参茸庄；

　　果子市内的济仁堂药铺；

　　珠市口东大街的同春堂眼药铺；

　　门框胡同内的惠和参茸庄；

　　长巷头条内的梁光明眼药铺；

长巷下头条内的裕庆参茸庄。

在现代医疗方式出现之前,药铺是防病治病的主要设施,但前门外却集中了如此众多的医药店铺,显然其布局并不合理,实际上这种状况也不利于医药行业的发展,也许正因为如此,民国后期,前门大栅栏一带的医药商店数量出现下降趋势,到了中华人民共和国成立后,随着全市医疗单位与医药经营布局的调整,前门外的医药店铺数量进一步减少,布局逐步趋向于合理化。

在前门外最著名的药铺是同仁堂,它与杭州的胡庆余堂、广州的陈李记、汉口的叶开泰并称为中国的四大药店。同仁堂位于大栅栏路南20号,创建人乐尊育(1630-1688年)。乐尊育先祖为浙江宁波府慈水镇人,明永乐年间移居北京,以串铃方医为业。清初,乐尊育因医术精湛,任职太医院吏目。

同仁堂老药铺

关于同仁堂的创办年代，向有争论，有人以同仁堂老匾上有清康熙八年（1669年）字样为据，认为同仁堂的创建时间应是清康熙八年（1669年）。但依其子乐梧冈于康熙四十四年（1705年）撰写的《同仁堂药目·序言》来看，同仁堂药铺开业之期当要晚。序言说："同仁堂名，先君之素志也。先君号尊育，为太医院吏目，秉性朴诚，喜阅方书，辨药地道。"又曰："同仁二字可命店名，虽不能承先人万一，而到于遵肘后，辨地产，炮制虽繁，必不敢省人工；品味虽贵，必不敢减物力。"可见"同仁"二字最初乃为堂名。乐梧冈乡试落第后，秉承先人遗志，于康熙四十一年（1702年）开设同仁堂药室，此时间才应为同仁堂药铺正式开设之期。

乐凤鸣（梧冈）开设同仁堂后，在清雍正元年（1723年）左右开始向御药房供奉药材。根据同仁堂现存文献，雍正年间曾预领官银4万两，乾隆九年（1744年）曾奏请添增三分之一药价，道光十六年（1836年）又呈请预支官银，说明很早以来同仁堂就得到了朝廷的大力支持，享有了特权，这种支持为同仁堂的日后发展与扩大影响提供了很大帮助。

乾隆十八年（1753年），同仁堂失火，片瓦无存，损失巨大。时御药房领班张世基与乐家为儿女亲家，同仁堂失火后，张世基出资两万两白银重建同仁堂，自此同仁堂始归张姓所有。但张世基的主要精力都在御药房，其后人又陆续将股本卖与他人，所以势力渐衰。道光十四年（1834年），同仁堂再次失火，事后重新招股，这时的同仁堂张姓占三股半，乐姓仅占二股。后其他股东逐渐折损，乐姓通过不断地收购，终于回占同仁堂大部股金，取得优势。

依靠张世基的帮助，同仁堂与宫中的关系更加密切。最初对御药房供药的主要是位于大栅栏的育宁堂，咸丰帝奕詝登基后，因育宁堂之堂名有违圣讳而迁至前门大街，改为永安堂，御药房用药也改由同仁堂供应，从此，同仁堂的生意更加兴旺，在全国的影响日渐扩大。同仁堂的药材多来自祁州（今河北安国）和辽宁营口，每年两地开市时，同仁堂的代表不到药市不开，足见其地位之特殊。

同仁堂之所以出名，虽然和御药房有关，但更重要的是坚守药品"炮制虽繁，必不敢省人工；品味虽贵，必不敢减物力"之准则，始终以质量为第一要务，加工精细，严格要求，因其医疗效果明显，从而获得良好的社会声誉。

同仁堂所制成药药方，除古方、民间验方、祖传奇方外，大部来自清宫秘方，这些秘方均出自名医之手。在清光绪十五年（1889年）重刊的《同仁堂药目》中，共列有495种中成药，其中一半为宫廷秘方，所以同仁堂生产的中成药最为著名。同仁堂自产自销的丸散膏丹等中药多达600多种，其中最著名的十大王牌是：治疗乙型脑炎有奇效的安宫牛黄丸，治疗中风不语、口眼歪斜的苏合香丸，治疗半身不遂的再造丸，治疗痰火内发的牛黄清心丸，治疗妇女不孕的女金丹，治疗神志昏迷的局方至宝丹，治疗高烧不退的紫雪散，治疗筋骨麻木的大活络丹，治疗关节炎的虎骨酒，治疗神经衰弱的参茸卫生丸。这些闻名中外的丸药，都是挽垂危于顷刻、救急症于即时的祖国医药之珍品，疗效颇为

今日同仁堂

显著。

中华人民共和国成立后，同仁堂获得了新的发展，现已发展成拥有制药厂、提炼厂、药酒厂、门市部4个单位、2000多名职工的大型制药企业。制丸生产工序全部实现了机械化。其自制名药不仅销往全国各地，还远销至日本、美国、英国、德国、加拿大、墨西哥、希腊、菲律宾、泰国、马来西亚、印尼等国家。

除同仁堂外，位于前门大街的长春堂药店、南庆仁堂药店与位于珠市口西大街的德寿堂药店，也是前门外的著名药铺。长春堂建于清乾隆末年（1795年），药店自制的传统小药"避瘟散"，是创办人孙崇善为抵制日货"仁丹""宝丹"而潜心研制成功的，具有独特功效，能提神醒脑，既可外用，又可冲服，享有盛名。南庆仁堂建于1917年，经营品种有中西成药、参茸滋补、丸散膏丹、旅游药品等，其中饮片就达 1400 多种。德寿堂建于 1934 年，其铺面房是一座建有钟楼、描金彩画、造型美观的两层楼房，因保存较好，现已被列入区级文物保护单位。

钟表烟酒杂货业

前门大栅栏一带的钟表烟酒杂货店铺非常多，其中也不乏各种名店。在钟表业中最著名的当属亨得利钟表店。该店位于大栅栏西街东口，后迁至大栅栏街 16 号。1927 年，由浙江人王光祖创办，1930 年王光祖又先后在王府井与西单北大街开设了两个分店，俗称"东亨""西亨"，位于大栅栏西街的则称"南亨"。南亨得利除自营钟表外，还统管三店的采购、批发业务。亨得利钟表店主要经营进口高档钟表，如瑞士的欧米茄、西马、浪琴、劳力士等名牌怀表与手表，德国的双箭、保星座挂钟等，并兼修配业务，此外还经营眼镜、验光配镜。由于经营管理好，商店信誉、经济效益均为同行之首。1966 年 11 月又在大栅栏增设了营业部。20 世纪 90 年代后，"南亨""西亨"均已撤销，今只余王府井一家亨得利。

大栅栏内的天蕙斋鼻烟铺过去也很著名。鼻烟传入我国后，很快在宫廷官宦中传播开来，不久又传至民间，逐渐风行，上至皇帝官吏，下至百姓巨商，喜好者颇多。

天蕙斋鼻烟店

清道光年间，一杨姓满族人在大栅栏东口路南开了个聚兴斋鼻烟铺，生意很是不错。"庚子之变"时，聚兴斋被大火烧得片瓦无存。事后，杨姓重新集资在原地盖起新房，重新开张后，决定抛弃旧称，另取新名天蕙斋。

复业后的天蕙斋更加注重鼻烟质量，讲究好料细制，选料一定要用山东兖州滋阳县出产的烟叶。每年由滋阳购回烟叶后，晒干制成细面，然后运至福建，用福建香味浓厚持久的单片茉莉花熏制一夏天，运回北京后再用茉莉花熏制加工。据说好鼻烟要熏制好几遍，天蕙斋的上好鼻烟花香味大，柔和，刺激性小，抹在鼻子上，先闻到的是花香，后闻到的才是烟味。

在抗战之前，天蕙斋的鼻烟价格不等，分为十级销售。一级叫高万馨露，每两（十六两制）2.56元；二级叫万馨露，每两1.28

元；三级叫万鲜露，每两 0.64 元；四级叫万蕊露，每两 0.48 元；五级叫高万花露，每两 0.32 元；六级叫万花露，每两 0.24 元；七级叫御制露，每两 0.192 元；八级叫茉莉露，每两 0.16 元；九级叫双花熏烟，每两 0.128 元；十级就是坯子，每两 0.08 元。

天蕙斋的顾客非常广泛，有官吏、商人、京剧界人士，也有一般劳动人民；有汉族、满族、蒙古族，也有其他少数民族。尤其是京剧界人士，除女角外绝大部分男演员都是天蕙斋的老主顾。抗日战争胜利后，闻鼻烟者日渐减少，天蕙斋的买卖日趋萧条。中华人民共和国成立后，除个别人还有闻鼻烟的习惯外，绝大部分人已不再吸闻鼻烟，使鼻烟销售陷入绝境。1960 年，天蕙斋被并入大栅栏聚庆斋糕点铺。改革开放后，天蕙斋在大栅栏食品商场重新挂起牌号，设专柜营销鼻烟和鼻烟壶等产品，专为爱好者服务。

位于前门大街西侧的广全日用杂品商场也是一个老店铺。该店建于 1930 年左右，原名双顺成杂货铺。1956 年公私合营后改为双顺成竹柳什物商店，1966 年改为前门土产日杂商店，1978 年改为广全日用杂品商店，1988 年改为现名。主要经营日用陶瓷、中西餐具、茶具咖啡具、精美工艺瓷、日用百货、土特产品、竹木制品、箱包皮件等。此外还有各种炊事机械用品。

珠宝玉器业

前门外的珠宝玉器业也非常著名。明清两朝,北京多贵胄世家,这些人多以搜求异宝为娱。后因宦途变故,或中家衰落,所藏珍玩又复流入市场,而外地所见文物也往往携至北京求售,使北京成为最大的文物集散地。在前门外珠宝市、廊房头条、廊房二条等地分布有许多珠宝玉器商店,如廊房头条内的永顺楼、珠宝市内的金珠店、西河沿的首饰楼、肉市街的文宝楼首饰店等,在门框胡同还有玉器市,使前门外成为北京另一个重要的珠宝玉器交易场所,而珠宝市即因街内多有珠宝交易市场而得名。

民国期间,由于廊房二条与廊房三条内多为玉器店铺,故有"玉器街"之称。在廊房二条内有三盛兴、恒盛兴、聚丰厚、宝权号、聚源楼、富德润、三义兴、德源兴、永宝斋、荣兴斋、利

前门大街廊房头条东口

贞祥、王盛公、毓宝斋、永记、瑞文斋、万义斋、泰源号、毓兴斋、宝昌隆、润亿和、杨敬记、德文斋等 20 多家玉器铺。在廊房三条内有同义斋、全兴盛、全盛永、合成水、德顺兴、德山斋、瑞珍斋、恒聚斋、景华斋、仁和斋、蕴珍斋、万兴涌、永盛玉、同升号、恒盛斋等 10 多家玉器铺。如此众多的玉器店铺集中一地，成为廊房头条与廊房二条商业经营的一大特色。

这些玉器店铺分蒙藏庄、本国庄和洋庄三类。三盛兴、恒盛兴等店铺经营蒙藏等地的买卖，称蒙藏庄。这些店铺一般用松石、珊瑚和青玉等原料磨制出内蒙古、西藏人喜爱的头饰品、腰饰品和带饰品等各种器物，向内蒙古、西藏地区销售。除门市经营外，这些店铺还派专人到内蒙古、西藏、青海等地去推销，并以交换方式换取这些地区的牛、羊、马、皮毛等特产。

聚丰厚、宝权号、聚源楼等店铺属本国庄。销售的对象主要为官僚贵族、富商大户。经营的物品多为朝珠、翎子管、顶珠、扳指儿、带钩、烟嘴、图章等物，还有妇女装饰所用的各类宝石、珠钻、碧玺、翡翠、戒指、耳环、耳坠等物。

富德润、三义兴、德源兴、永宝斋、荣兴斋、利贞祥等店铺既经营本国庄又经营洋庄。洋庄服务的对象主要是欧美等国与南洋的顾客，经营的物品多为首饰、花片、摆件等。

据 1919 年统计，廊房二条加入商会的有金店 1 家、古玩店 5 家、首饰店 11 家、玉器店 22 家，占据街面约 80% 以上。这些店铺多为光绪二十六年（1900 年）大栅栏火灾之后至 20 世纪 30 年代陆续建成。门面多不大，一般为两开间或三开间，有的只有一开间，不少铺面为二三层小楼。建筑风格有三种：中国式、西洋古典式、西洋现代式。中国式建筑占的比例较大。廊房二条东口路南有两幢三层楼，其上用罩棚，饰以铁花栏杆；在一层及二层挂檐板金钱图案中，镶刻有"当朝一品""延年益寿""其大心德"等文字。59号楼一层挂檐刻有英文，即为洋庄的标志。

前门外的会馆与商会

由明至民国，伴随前门大栅栏地区的商业发展，在这一地区还分布有大量会馆与商会，从而形成前门大栅栏另一显著特色。

湖广会馆

会馆是古代的商会组织。秦统一全国之后，随着商业的发展，为便于税收管理，官府将都邑中的市以货物相别，同类货物集中在一处，组成"行"，每行都有自己的行头进行管理。以后这种行就逐步转化为同业商人的组织即商业行会。这种组织起源的确切时间虽然难以确考，但唐代肯定已经存在。

据房山云居寺石经题记载，在幽州城内从事商业贸易的就有：米行、白米行、大米行、粳米行、屠行、肉行、油行、五熟行、果子行、椒笋行、炭行、生铁行、磨行、布行、绢行、大绢行、小绢行、彩帛行、棉行、幞头行、新货行、杂货行、靴行等等。商业行会的出现可以比较好地维护行业秩序，避免同业无序竞争，实现共同经营与获利；并与官府联系，既为官府服务，又保护本行利益。

明代，商业的行会组织开始向会馆方向转化。北京设立会馆最早见于明代，《帝京景物略》卷四说："考会馆之设于都中，古未有也，始嘉、隆间。"可见会馆大致出现于明代中期。明清时期，很多外地商旅都侨寓在北京，开展商业买卖活动，这些客居北京的商旅不仅需要有个组织以相互照顾，保护商家利益，而且也需要解决固定的寓所；此外，各地来京的应试举子、谒选官吏也需要有一个比较方便的居住之地，这样会馆便应运而生了。

正因为会馆为各地应试者、官绅、商旅来京提供了诸多方便，所以发展很快，特别是清代，各地在京设立会馆更为盛行。据乾隆时期吴长元撰写的《宸垣识略》卷九、卷十统计，当时北京的会馆共有182处，而到清末，《都门纪略》卷二收录的会馆就达到391处，可见发展速度之快。清代，因内城设置会馆受到了严格限制，故北京的会馆基本上都位于外城，处于内城的会馆极少。在外城的会馆中，位居前门外地区的多达76处，约占北京会馆总数的五分之一。

位于前门大街以西的会馆有：

西河沿的浙江绍兴银号会馆正乙祠、山西代郡会馆、河北大宛会馆、江苏如泰会馆、陕西渭南会馆、浙江萧山会馆；

排子胡同的湖北江夏会馆、安徽凤阳会馆；

廊房三条的山西临汾会馆；

王皮胡同的广东仙城会馆；

甘井胡同的江西赣宁会馆；

施家胡同的安徽青阳会馆、安徽广德会馆；

石头胡同的山西晋县会馆、福建龙岩会馆、浙江严陵会馆、安徽望江会馆；

棕树斜街的山西汾阳会馆、江西新建会馆；

朱家胡同的江西高安会馆；

小椿树胡同的福建漳浦会馆、山西汾阳会馆；

正乙祠

珠市口西大街的山西翼城会馆、潞安会馆、平定会馆、孟县会馆、广东蕉岭会馆、天津津南会馆、河南洛中会馆、安徽庐州会馆、江西九江会馆、赣宁会馆、浙江仁钱会馆、杭州会馆、越中乡贤祠、稽山会馆、辽宁东三省会馆、浙江浙绍会馆；

大耳胡同的安徽婺源北馆；

耀武胡同的安徽婺源南馆；

茶儿胡同的江西鄱阳会馆；

陕西巷的四川会馆；

棕树头条的安徽望江会馆；

西杨茅胡同的江西高安会馆；

大力胡同的浙江鄞县会馆；

校尉营胡同的安徽徽州会馆。

阳平会馆戏楼

位于前门大街以东的会馆有：

前门外东河沿的江西浮梁会馆、奉新会馆、江苏句容会馆；

打磨厂的广东粤东会馆、浙江湖州郡馆、山西临汾东馆、江苏宁浦会馆、湖北应山会馆、郢中会馆、钟祥会馆；

北晓顺胡同的湖南长沙会馆；

新潮胡同的江西吉安怀忠会馆；

长巷头条的安徽泾县会馆、江西南昌会馆、江右会馆、丰城会馆、浙江武林会馆、福建汀州会馆；

大蒋家胡同的安徽旌德会馆、江苏松江会馆、江西吉安会馆、贵州会馆、广东韶州会馆、台湾全台会馆；

小蒋家胡同的山西河东会馆、晋翼会馆、安徽旌德会馆、山西平阳府馆；

东珠市口大街的天津试馆、江西南康会馆。

会馆有两种形式，一种是地籍会馆，即以同乡同籍为对象兴建的会馆；一种是行业会馆，即以行业为别兴建的会馆。地籍会馆实际上也是各地驻京的民间办事机构。前门外的会馆除浙江绍兴银号会馆正乙祠外，其余都属地籍会馆。会馆的作用除了协调处理行内外的经济纠纷，开展商品交易活动外，还有帮助同乡排忧解难，为本籍官绅人士与商贾提供寓所的功能。

清末，随着商品经济的进一步发展和近代工业的兴起，会馆也逐步演化为近代的各种商会组织。商会即为商业行会，是清末民国时期形成的行业组织，主要职责为协调处理行内外的经济纠纷，平衡各方面关系，开展商业贸易活动。根据1935年编纂的

《北平旅行指南》统计，当时北京共有商会 85 个，而处于前门外地区的商会就有 21 处，占北京商会总数的 24.7%。这些商会是：

珠市口西大街的北平市商会、黑白炭业同业公会、当业同业公会；

大蒋家胡同的布业同业公会；

培智胡同的米面业同业公会、煤铺业同业公会；

北晓顺胡同的银钱业同业公会、钟表业同业公会；

大栅栏的西药业同业公会；

西河沿的金店业同业公会；

甘井胡同的金银首饰业同业公会、靴鞋业同业公会；

小椿树胡同的茶庄业同业公会、旅店业同业公会；

果子市的干鲜果业同业公会；

东河沿的渔业同业公会；

石头胡同的照相业同业公会；

湿井胡同的煤油洋广货同业公会；

鲜鱼口的绦带业同业公会；

珠宝市的炉房业同业公会；

培英胡同的理发业同业公会。

大量会馆与同业公会之所以设在前门外一带，主要原因是这里为北京商业最发达地区，会馆与同业公会设在这一地区，离商业场所距离最近，对规范业内商业行为，处理业内各种商业纠纷，协调相关关系更为便利。

文化演出业

前门大栅栏一带的文艺演出活动，尤其是戏剧、曲艺与电影放映在北京一度影响颇大。20世纪60年代以前，前门大栅栏的文艺演出在北京极为有名，特别是戏剧演出在清末民国时期可谓红极一时，每至夜晚，达官显贵与富商大贾纷纷从各地来到前门大栅栏观看夜戏，车来车往，分外热闹。

很早以来，前门大栅栏就已成为人们休闲娱乐的重要场所，将购物与休闲结合起来，使前门大栅栏地区成为北京人最主要的消费地区。游逛前门大栅栏，购物之余顺便听会儿京戏，看一场文艺演出早已成为北京人的一种特殊享受。就地域而言，前门大栅栏一带的演出剧场也是北京最密集的地区，北京保存至今最早的文艺演出场所也位于前门大栅栏一带。

前门大栅栏演艺活动的出现与发展显然与这一地区的商业活动密不可分。前门大栅栏作为北京的商业中心确立于明代，商业活动发展的直接结果就是使这一地区的居民数量大增，每天到此进行交易活动的商人与购物的百姓也络绎不绝。因而伴随前门大栅栏商业活动的兴起与繁荣，各类演出艺人自然也会来到前门大栅栏一带搭棚设摊，以表演为生计，从而使这一地区的文艺演出活动日渐兴旺起来。

促进前门大栅栏一带演艺活动发展的另一个关键因素是与国家的政策有关。清代，为了保持皇城四周安静，除了皇宫与部分王府内设有戏台可进行演出之外，清政府多次明令内城禁止修建演出场所，从事演艺活动。这种政策显然使内城文化演出场所的发展受到了严重限制，演艺活动只好到外城求取生存。

清代，满族作为掌权民族享有许多特权，清政府规定满族人居于内城，汉族人居于外城，就是这种特权的体现。我国古代长期实行的是重农抑商政策，并把人分为不同的品类区别对待，俗话所说的"三教九流"中的"九流"，指的就是社会上品类较高的九种人。这九类人就是儒家、道家、阴阳家、法家、名家、墨家、纵横家、杂家与农家。古人认为农事为人之根本，因此务农并不受歧视，而商人、演艺人员都属不入流者，所以在我国的传统观念中，商人与演艺人员的社会地位相对都比较低。满族人作为掌权民族，社会地位比较高，因此满族人涉及演艺活动的极少，从事演艺活动的主要是住在外城的汉族人。

  清代所实行的这些政策为前门大栅栏一带演艺事业的发展提供了良好机遇。前门大栅栏正好位于宫城的正前方不远，这里的演出活动不仅可以吸引广大的汉族观众，同时也可以满足住在内城的满族权贵到外城观看演出、进行休闲娱乐的需求。所以清代特别是清代后期，前门大栅栏的演艺活动，尤其是戏剧演出获得了很大发展，演出场地的数量大增，成为北京人观看演出的主要地区。

前门大街旧貌

戏剧演出

明末清初，戏剧的营业性演出逐渐由室外转向室内，北京保存至今最早的室内演出场所是位于前门大街东侧肉市街的广和剧场。该剧场为明巨室查氏所建，为私宅戏台，是北京早期最著名的演剧场之一。在肉市街的胡同口还立有一座小木坊，上书"查楼"二字。因早年北京的戏班演出多在茶楼、茶园、会馆或庙宇戏台中演出，故查氏所建的演出场所初名"查楼"。

康熙二十六年（1687年），京师"内聚班"在查楼演出了传奇剧目《长生殿》，各界人士纷纷至此为《长生殿》的作者洪升祝寿。洪升，字昉思，号稗畦，浙江钱塘人，是我国清初著名戏剧家。著有十多个剧本，《长生殿》为其代表作。该剧前半部写唐明皇宠幸杨贵妃，任用杨国忠为相，致使朝政腐败，最终爆发安史之乱。唐明皇被迫仓皇出逃，当逃至马嵬坡时，愤慨的将士怒杀杨国忠，迫杨贵妃自缢。剧本的后半部写唐明皇对杨贵妃的怀念，以及两人在天上相会的情景。《长生殿》在北京上演之后，立即引起轰动，一时成戏剧界之美谈，洪升与《桃花扇》的作者孔尚任亦被誉为"曲中巨擘"。然《长生殿》上演之际，正值佟皇后丧葬期间，演出触犯了封建社会的禁忌规定，洪升由此受到迫害，国子监的监生生籍亦被革除。

乾隆时查楼曾被大火所毁，重新修建起来后改名为广和。广和楼的舞台为方形，前台左右有两根抱柱，柱上有一副对联。上联是"学君臣，学父子，学夫妇，学朋友，汇千古忠孝节义，重重演出，漫道逢场作戏"。下联是"或富贵，或贫贱，或喜怒，或哀乐，将一日离合悲欢，细细看来，管叫拍案惊奇"。横批是"盛世元音"。这副对联算上横批总计62字，以最简洁的语言对戏剧表演做了完整的概括。查楼楼下正面是池座、散座，两侧放着长凳，观众侧身看戏；楼上前面是包厢，后面是散座。靠近舞台下场门上边有后楼，叫倒观，观众在这里只能看到演员的后背。

清末、民国初期是广和楼演出的黄金时代，演出以二黄、梆子为主，谭鑫培、王瑶卿、杨小楼等经常在这里演出。光绪三十三年（1907年），梨园科班"喜连成"第一次在这里演出，

四大名旦

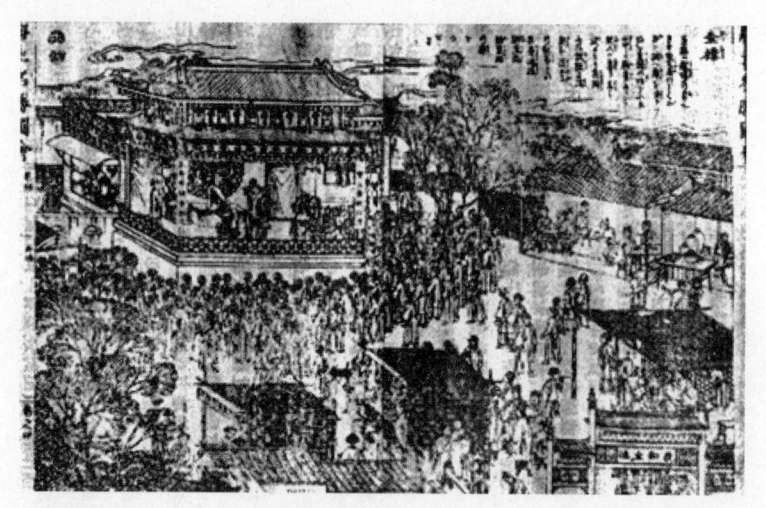

广和查楼

后喜连成改名富连成，演出活动长期定在此地，梅兰芳、周信芳、马连良、谭富英等众多京剧名家都曾多次在此登台献艺。20世纪40年代，广和楼日益衰落。1942年曾几次拍卖都未成功，后沦为堆房。1949年后广和楼得到恢复，1956年被收归国有，经过整修改称广和剧场。占地面积4738平方米，使用面积4038平方米。场内有1401个座位，经再次改建，现已成为一座多功能的文艺演出场所。

除查楼外，清初在前门外还建有一些戏馆，亦称戏园。《藤荫杂记》卷五有这样一段记载："亚谷丛书云：京师戏馆，惟太平园、四宜园最久，其次则查家楼、月明楼，此康熙末年酒园也。查楼木榜尚存，改名广和，余皆改名，大约在前门左右，庆乐、中和似其旧址。"可见太平园、四宜园、月明楼都是北京很古老的戏馆，其中的太平园与四宜园比广和楼的历史还要早，可惜的是这些戏园都已没了踪迹，只有查楼流传了下来。

前门大栅栏一带戏园的增多与北京戏剧演出的发展关系极为密切。北京很早就有了戏剧演出，而元代的杂剧尤为兴盛。明代，南戏弋阳、昆山声腔相继传入北京，并很快得以流传，弋阳腔在流传的过程中，逐渐与北京语音相结合，最终演变为京腔。

清代是北京戏剧的大发展时期，康熙时，由于承应宫廷演出，北京剧坛出现"花、雅"争胜的局面，而《长生殿》与《桃花扇》二剧的上演更是为时轰动，成为两部传奇之作。在清代北京戏剧的发展过程中，徽班进京与京剧的形成是其中最重要的事件。乾隆五十五年（1790年），浙江盐务大臣为给乾隆筹办八旬"万寿"，邀集徽班"三庆班"入京祝寿，高朗亭为"三庆班"的主要名旦。"三庆班"的演出很快就以"诸腔并奏"和内容多样取得成功。随后又有许多徽班相继进京，其中尤以"三庆""四喜""春台""和春"四大徽班最为著名，这些徽班的演出备受京城各阶层观众的欢迎，很快便在北京扎了根。

清道光八年（1828年），湖北的汉戏亦称楚调也陆续来京上演，但因难与徽班进行竞争，所以大都与徽班同台合作进行演出，由于两个剧种在声腔、表演上既有血缘关系又各具特色，因而使湖北的西皮调与安徽的二黄调逐步相互结合，最终形成了以西皮、二黄为主调的新剧种，这就是京剧，又被称为"皮黄戏"。由于很多清廷高官甚至皇家都非常喜爱京剧，从而使京剧很快流传至天津、上海等地，并成为在全国流传最广的剧种，因此京剧又称京戏、大戏，被誉称为中国戏曲文化的国粹。

京剧形成之后，其表演不仅是供奉皇室的宴乐演出，而且也是京城各阶层人民共同喜爱的表演艺术。但因清代多次明令不准在内城开设戏园，所以前门大栅栏一带的各大戏园就成为京剧的主要演出场地。演出不仅白天有，晚上还有夜戏，演出时间不定，到前门大栅栏来的顾客随时都可入场观看，从这个角度说，前门大栅栏是京剧的发祥地也不过分。戏剧演出活动使前门大栅栏的商业文化更加丰富，并最终成为其中的重要组成部分。

由于人们越来越喜爱京剧，看戏便逐渐成为一些人的嗜好，甚至到了痴迷的程度。演艺市场的扩大促使前门大栅栏一带的戏园日渐增多，到清代中晚期，演出场所已达到十几所。除肉市街的广和楼外，在大栅栏内还有修建于乾隆年间的三庆戏园（大栅栏中部路南）、庆乐戏园（今庆乐戏院），嘉庆年间修建的广德楼戏园（今前门小剧场）、庆和戏园（今瑞蚨祥绸布店址）和同乐轩茶园（今同乐电影院），另外在粮食店街内有嘉庆年间修建的中和戏园（今中和剧场），在鲜鱼口街内有嘉庆年间修建的天乐戏园。这些戏园出现的时间最长的距今已有 300 多年，短的也有 200 多年。

老式戏园一般都有楼，所以又称茶楼，大多为砖木式结构的长方形棚式建筑，称为罩棚，内设戏台，高一米左右，十余米见方，三面有栏杆，台顶有藻井，演员从戏台左右两侧的出入口出入。戏台后面另有后台，为演员化妆或休息之地。戏台的前方、左右与上方之楼座为观众席，称大堂，戏台两边的空地称小池子。楼上有"官座"，专为官宦士绅所设。楼下的散座则为百姓所坐。

台前摆着长桌与长条凳，由于长桌多竖向摆放，所以观众看戏时大多侧身观看。如遇位置不好，前面甚至还有立柱遮挡，室内的光线也比较昏暗。桌上摆着茶点，人们一边看着戏一边饮着茶，品尝小吃，悠闲而惬意。对于很多戏迷来说，有很多时间实际上是在听戏，一边喝着茶一边闭着眼睛，和着节拍轻轻摇晃着身体，品着唱腔的韵味，每每遇到绝妙之处，场下一片叫好之声，所以在北京往往不说看戏而说"听戏"。清末，看一出戏散座每人每天铜钱约1吊600文，官座每间每日铜钱约40吊，池子每桌每日铜钱约12吊。

庆乐戏院地处大栅栏东口内路北。清乾隆时修建，是北京最古老也是最著名的戏园之一。清末曾毁于火灾，民国初重新进行了修建。最初是方形戏台，重建后改为圆形，观众座椅也改为单

《霸王别姬》剧照

人座椅。楼上三面圆形，前排是包厢，后面是散座。河北梆子剧团奎德社曾多次于庆乐演出，杨韵谱创建的以女演员为主体的演出颇具特色，他和女弟子李桂云等在这里演出的《茶花女》《血海深仇》等新戏，名噪一时。著名的京剧大师杨小楼等也多次在庆乐演出。1939年以后，李万春组织的鸣春社科班在这里演出了彩头布景戏剧目《天河配》和《济公传》等，舞台上灯光变幻，使观众耳目为之一新，大开眼界，并博得观众的认可，上座率很高。1949年以后，吴素秋、梁一鸣、姜铁麟等组建的新兴京剧团长期在此演出，后新兴京剧团解散，改由河北梆子剧团在此演出。

1973年北京杂技团由天桥迁入庆乐戏院，成为杂技演出的专用场地。1979年，庆乐重新翻建后改称北京杂技团排演场。占地面积1378平方米，建筑面积971平方米，设有856个座位。北京杂技团成立于1957年，该团在保持和发展车技、蹬技、杂技、板技、绳技、椅子顶、钻圈等传统节目的同时，又创新了晃梯顶技、双爬竿等节目，使艺术水平不断提高。该团在国内曾获得全国第一、二、三届杂技比赛的铜奖、银奖和特别奖，在国际文化交往中曾获法兰西共和国总统奖、第十三届世界青年学生联欢节艺术奖。该团还先后对日本、蒙古、苏联、美国、英国、德国等20多个国家进行了访问活动和商业性演出，在国际交往和文化交流中为国家争得了很高的荣誉。

位于大栅栏街内南侧的三庆戏园也是乾隆时兴建的一座古老戏园，可以容纳观众八九百人。每天到这里观看演出的观众很多，谭鑫培、路三宝、贾洪林、余玉琴都在这里演过戏，民国后梅兰芳等很多名家名角也都在这里进行过演出活动。其中尚小云的重庆社和他创办的荣春社科班在三庆戏园演出的时间最长。因三庆戏园的后台狭小，演大型武戏不太适宜，因此大型戏班一般不到这里演唱。

1926年，因在三庆戏园看戏还引发了一件刺杀梅兰芳的案件，在北京引起一阵不大不小的轰动。有一个叫李志刚的东北青年在买卖公债中赚了一笔钱，于是每天都到三庆戏园来大捧名角孟小冬，后听说孟小冬与梅兰芳关系密切，又值在买卖公债中赔了钱，于是起了抢劫梅兰芳的念头。一天听说梅兰芳在东四十条请客，李志刚遂赶至该地递进名片要求访问梅兰芳。梅兰芳为人谦和，来者不管是否相识一般都竭诚招待。但当时恰有《北京社会晚报》社长张汉举在座，张自荐愿代梅兰芳接见来访者，于是到前院客厅与李志刚会晤，谁知一见面李志刚即掏出手枪进行威迫，索洋10万元。事发后因银行晚间都不办公，梅兰芳只凑了8万元交给李志刚。但李犯并未放人，他一手拿枪，一手押着张汉举走出大门，一见门外早已警察密布，遂将张汉举一枪打死，希冀逃跑，结果被警察抓获，第二天这位刺杀者就被铡死在前门大街上。

广德楼位于大栅栏西口内路北，是北京另一座古老戏园。它的内部建筑与广和楼相仿，戏台坐东朝西，为四方形，台前有大明柱子两根，台顶有天花板，上下场门额为"出将""入相"。观众席亦为长桌长凳。程长庚、余紫云、梅巧玲、余三胜、汪桂芬等都在此进行过演唱。清末，喜连成科班在此演唱近两年。民国后改由俞振庭的双庆社在此长期演出。

天乐戏园位于前门大街路东鲜鱼口街60号。建于清嘉庆年间，亦为北京最古老的剧场之一，后更名华乐园。最初园内地方不大，只卖茶水，有时也加演评书和杂耍演出。民国初年由万子和、吴明泉等筹资进行改扩建，建成后的剧场面积大为增加，可容千余观众，取名华乐戏院。先后曾约北京及外埠名演员如杨小楼、郝寿臣、尚小云、马连良、谭富英、叶盛兰、言菊朋等数十人在此演出。1930年，富连成科班曾在此演出夜戏，后长期在此定点演出，日、夜两场，上座率一直非常可观。1942年，因隔壁的长春堂药铺失火，殃及华乐戏院，大火中戏院被全部焚毁，富连成科班的布景、戏衣也毁于火中。1943年，戏院进行重建。1949年后戏院由政府赎买并重修，改称为大众剧场。占地面积2000平方米，建筑面积3300平方米。剧场坐南朝北，原有两层观众厅，座位1121席。

由于京剧的迅速发展，许多戏班、社团也大多聚集在前门大栅栏一带，使这里汇集了一大批京剧大师与名角演员，如同治光绪年间的著名演员程长庚、余三胜、张二奎、谭鑫培、汪桂芬、孙菊仙、梅巧玲、时小福、余紫云、王瑶卿、金秀山、黄润甫、王楞仙、龚云甫、余菊生、徐小香、杨鸣玉、朱莲芬、郝兰田、刘赶三等。清末曾供奉内廷的京剧名角如陈德霖、王瑶卿、谭鑫培、杨月楼、金秀山、裘桂仙等，除任内廷教司为宫廷演戏外，也时常在前门外的戏园演出。其中陈德霖就是由程长庚创办的四箴堂科班培养出来的著名青衣演员。而四箴堂就位于前门大街西南的百顺胡同之内。

清末民初，各剧社的演出一般都有固定的剧场，如富连成科班就长期在广和楼演唱。富连成的前身是喜连成科班，清光绪三十年（1904年）由叶春善创办，科班地址在宣武门外前铁厂。1912年喜连成改名富连成，迁社址于宣武区大吉巷，从1914年开始固定在广和楼进行演唱，一共延续了20多年。马连良、谭富英、马富禄、裘盛戎、袁世海、叶盛章、叶盛兰等都是富连成培养的著名演员，周信芳、梅兰芳等人也曾在喜连成学过戏。

1938年，尚小云创办荣春社，共办两科，学员以荣、春、长、喜四字排名，培养的著名演员如杨荣环、孙荣慧、尚长春、李甫春、马长礼、尚长麟、李喜鸿、孟喜平等，他们演出的地点是位于粮食店街内的中和戏园。

1939年，李永利、李万春父子创办了鸣春社，社址在宣武门外大吉巷，学员百余人，以鸣、春二字排名。培养出的演员多以武戏见长，如王鸣仲、吴鸣伸、李桐春、李庆春等都是著名武生。鸣春社以庆乐戏园为演出固定基地，上演的剧目如《水帘洞》《走麦城》《猴王游月宫》《济公传》《新天河配》等，颇受观众欢迎。

1927年，由《顺天时报》发起，经广大戏迷选举产生了京剧的四大名旦，即梅兰芳、尚小云、程砚秋、荀慧生，四人对京剧的发展都做出了重要贡献，在演艺界具有巨大影响，在他们的演出生涯中，均曾多次在前门大栅栏的戏园登台献艺。20世纪20年代的四大须生余叔岩、马连良、言菊朋、高庆奎，40年代的马连良、谭富英、杨宝森、奚啸伯，以及四小名旦李世芳、张君秋、毛世来、宋德珠也都经常在前门大栅栏的戏园中演出，成为戏迷追逐的重要角色。

旧时戏园与戏剧界又被称梨园行，据说唐高宗李隆基曾在梨园内教习乐工、宫女演练歌舞供宫廷宴乐，于是梨园便成了戏园与戏剧界的别称。由于前门大栅栏已成为京剧表演的核心地区，所以北京的梨园公会也在前门大栅栏一带。梨园公会成立于清末，会址最初设于天坛北侧的精忠庙，民国以后迁至大栅栏西侧的樱桃斜街65号。会首一般都由有声望的艺人担任。一些京剧界演艺人士的住所也在前门外或其附近地区。

王瑶卿是我国著名的京剧表演艺术家与戏剧教育家，毕生从事京剧改革，他融汇青衣、花旦、刀马旦的唱、念、做、打，创造出京剧"花衫"，成为新行当的创始人，在梨园界享有"通天教主"的尊称。经他整理、创造设计的剧目、唱腔、京白、身段、服饰大都流传至今。在传承京剧艺术方面，他主张博采众长，因材施教，培养了众多京剧艺术家，如梅兰芳等四大名旦及雪艳琴、张君秋、王玉蓉、杜近芳等众多弟子。1951年担任中国戏曲学校（后改学院）第一任校长，并亲自教授了刘秀荣、谢锐青等一批后起之秀，为京剧艺术的发展做出了巨大贡献。

王瑶卿故居在煤市街西侧的培英胡同20号。宅院坐西朝东，北院为主院，有北房五间，东厢房五间，西厢房三间，倒座南房五间，南侧有如意大厅，北房为王瑶卿先生居室，中间为客厅，东房为教戏、练功房，王家祖孙四代在此居住。南院为王瑶卿之弟，著名老生王凤卿的住宅，正房坐南朝北，现已装修成一处典雅精致的四合院。王瑶卿故居已有百余年历史，是京城梨园世家的名人故居之一，今已列为重点保护四合院。

在培英胡同居住的除王瑶卿之外还有另一个著名京剧演员毛世来，而著名的花脸演员裘盛戎曾住在前门外西河沿。此外谭富英曾住在陕西巷西侧的大外廊胡同，梅兰芳曾住在铁树斜街，余叔岩住在北新华街西侧的椿树上头条，尚小云住在椿树下三条，荀慧生住在山西街，这些地区离前门大栅栏的距离都不太远，到前门大栅栏进行演出很方便。

民国以后，旧式的演出场所开始向现代形式转变。1914年，杨小楼等人通过集资在珠市口西大街路北修建了一处演出场所，取名"第一舞台"，这是北京最早的新式演出剧场，门口有铁栅栏门一道，进栅栏门后为一院落，舞台在院之北部。主楼楼门口有三个椭圆形大门。第一舞台的观众席分为三层，一层有池座和廊座，座位由竖向长凳改为横向的靠背椅，靠背上有木台，上边可以放置茶饮与食品小吃；二层有包厢；三层为散座，舞台呈椭圆形，有灯光、转台等设备，并使用大幕代替门帘台帐。舞台楼上楼下总共可以容纳2600名观众，是北京有史以来最大的戏园，故称其为第一舞台。

第一舞台建成之后，王瑶卿、杨小楼、梅兰芳、王凤卿、谭富英、马连良、侯喜瑞、言菊朋、郝寿臣、袁世海、尚小云、程砚秋、荀慧生、裘盛戎、叶盛兰、叶盛章、周信芳等著名京剧演员都在此进行过演出。1930年，辽宁、陕西与北平发生水灾，演艺界在第一舞台为灾区举行义演，压轴大戏由名角反串《八蜡庙》，梅兰芳饰演黄天霸，王凤卿饰演关太，杨小楼饰演张桂兰，谭富英饰演费兴，侯喜瑞饰演老妈，这么多名角一起登台演出在北京引起了很大轰动。

　　第一舞台建成后一直厄运不断。开张不到半年，在铁栅栏外就发生了避雨触电的事故，电死一个青年，为此事舞台停演了十多天。一些迷信人遂说这个舞台建在了火神庙旧址上，不吉利。后舞台演出不到两年，又因前台电线走火，把前台烧毁了大半。于是人们又说这是得罪了火神。事后重建时专门请来风水先生，按风水先生的指点，将三个大门的中间一门加以关闭，只留两边大门出入，还在舞台的后面加筑一小楼，设火神神位，按时供奉。舞台虽然按风水先生的指点进行了改造，但因迷信所致，各戏班名角已都不太喜欢到第一舞台来进行演出，再加上第三层视线不好，票很不好卖，第一舞台一时出现萧条。1937年，一天夜戏散场后，看管人员在后台小楼上烧香祭祀火神，香没烧尽就睡觉去了，谁知香落在地上又一次引起大火，第一舞台终被大火全部烧毁。

　　位于珠市口西大街东口马路南侧的开明戏园，是珠市口一带另一座著名演出场地。开明戏园建于1922年9月，为中日两位商人投资合建。整个建筑为钢筋水泥结构，水磨石饰面，大门为水泥磨面明柱，呈椭圆形旋门。进门有15平方米的前厅，两侧设楼梯，进门后是观众席厅。舞台是圆形台口，观众视线和隔音条件也较合理。民国初期，这种现代风格的水泥建筑在北京很少见，在西珠市口大街上显得非常抢眼，与传统的低矮中式建筑相比，显得很高大。开明戏院有时也演电影，并在北京首次实行了售票制度，观众凭票入场，对号入座。1949年后开明戏院改为民主剧场，1971年又更名为珠市口电影院。

开明戏院建成后，著名京剧表演艺术家梅兰芳、杨小楼、余叔岩与号称"评剧皇后"的白玉霜等常在此演出。珠市口往南即为天桥。天桥一带也有多处演出场所，但观众主要都是大众百姓，有钱的官僚士绅看戏多至前门、大栅栏、珠市口一带的戏园，所以在天桥一旦唱红的艺人就可以进入前门、大栅栏、珠市口的戏园唱戏，这也就意味着进入了演艺界的上层殿堂。开明戏园就是两个地域的界限，往南即为天桥一带的大众演出区域，由开明戏园往北才是上层人士观看演出的地方。

由于对京剧的酷爱，在戏迷当中逐渐出现了许多票友。票友就是业余演员，票友的同人组织称票房，票友所进行的演出则称票戏。票友常常进行票演，而有的票友演出水平又相当高，所以也很吸引群众。一次，袁世凯的二儿子袁寒云偶在开明戏园票演一场昆曲，人们知道以后，纷纷前来观看，那天观者人山人海，道路亦被堵塞，只求一饱眼福。

除第一舞台、开明戏园之外，民国期间在珠市口西大街开设的还有华北戏院，在鲜鱼口有华乐戏园，在粮食店有四明戏园，在廊房二条有畅怀春书馆，在打磨厂有永久成书馆。在石头胡同有四海升平园，这也是北京最早的落子馆。

前门大栅栏的上述老戏园大都因年代久远，房屋老化，今已不能满足现代需要而逐渐被淘汰。其中大众剧场1987年7月停演,三庆戏园被拆除改为职工食堂,广德楼拆大改小,变成可容120人的曲艺厅,华乐改作游乐厅,曾改为杂技团排演场的庆乐,后又改为歌厅、录像厅及商店,中和戏院也部分改为商店和旅馆。只有原开明戏院还保持着一些原来的本色,但也改成了珠市口电影院。

过去北京的会馆有的也设有戏楼,每逢佳节或公车庆贺之际都要举行演出活动,如位于前门外西河沿的正乙祠、位于小江胡同的平阳会馆、位于珠市口南侧路西鹞儿胡同的浮山会馆、位于珠市口附近的惠济祠梨园会馆等都有戏楼,这些演出场所的出现为前门大栅栏地区的演艺事业提供了良好的社会环境与发展条件。

正乙祠戏楼位于宣武区前门外西河沿西端220号。正乙祠又叫银号会馆,是银号商人的行业性组织。正乙祠的院落原为明代古寺,坐南朝北,为一东西长南北短的长方形庭院,现为两排客

正乙祠戏楼

房，南北相对。祠的南部有一清代戏楼，三面环楼，两边设有楼梯，楼下设池座，戏台坐南，为二层，占地约1000平方米。晚清著名票友溥侗（红豆馆主）等人组织的票房称熙春社，他们经常在此演出，参加者还有包丹廷、陈墨香等人。著名京剧表演艺术家言菊朋、朱琴心，在当票友时也曾在正乙祠戏楼演过《坐楼杀惜》。每月有一至二次彩排，由于剧目精彩，每逢演出时，座无虚席。熙春社约于1926年左右解散。现在正乙祠戏楼保存完整。1986年，公布为宣武区文物保护单位。

平阳会馆戏楼位于前门外小江胡同，会馆始建于明代。戏楼雄伟高大，系一座12檩卷棚，前后双步廊悬山顶建筑。戏楼内部雕梁画栋，富丽堂皇。看台分两层，二楼正对戏台，是卷棚顶前轩式的官厢，两侧亦为看台，可放桌凳。四角设有楼梯供人上下。楼下场地中间为方池，放置方桌、长凳，是一般看客的座席。戏台近方形，分三层，上有通口，下有坑道，可设置机关布景。在戏楼两侧的墙壁上绘有壁画，设有神龛，供祭祀神祖之用。面对戏台的后壁嵌有石刻四块，记载会馆的建置沿革和重修情况。由于风化和人为的严重破坏，大多数字迹已不清。原戏楼内高悬巨匾数块，现仅存两方，其中一方为明末清初著名书法家王锋题写的"醒世铎"。平阳会馆戏楼是北京现存规模较大，建筑考究，保存又比较完整的清代风格民间戏楼佳作，对研究会馆的建筑布局和戏剧发展史有一定的考据价值。1984年被列为市级文物保护单位。

前门大栅栏一带的老戏院虽然今多已不存，但改革开放之后在这里又诞生了一处新的演出场所——老舍茶馆。老舍茶馆位于前门西侧路南,它集茶文化与文艺演出为一体,以全新的形式在社会上产生了较大反响,而它的前身却是一知青兴办的小茶社。

茶社是公众品茗场所,至此饮茶本来是老北京的普通习俗,在中华人民共和国成立前,市内公众品茗之场所遍布大街小巷,最古老的就是茶馆。这些茶馆兼售食物,有的还有说书助兴,有的外带棋艺。来者以中下阶层人士居多。略仿南方形式者,谓之茶楼,如劝业场、青云阁内都有,入座者以中等阶层人士居多。此外,亦有路边卖茶者,称为茶摊。但公私合营以后,茶馆与茶社在北京渐趋绝迹。

"文化大革命"结束后,大批知识青年返回北京,为解决就业出路问题,党和政府采取了"广开就业门路""发展集体经济,安排待业青年"的办法。时任宣武区大栅栏街道干部的尹盛喜,根据党的政策组织了20多个知识青年,筹集了1000元在前门西侧创办了"青年茶社",这种绝迹多年的茶社重新出现在北京的街头,在当时引起一阵小小的轰动,俗称"大碗茶"。青年茶社采取"一业为主,多种经营"方式,经几年积累,最终发展为北京市大碗茶商贸集团公司,成为北京知名的民营企业,也为解决知识青年就业问题闯出了一条新路。1987年,大碗茶在茶社所在地建起一古色古香小楼,楼额"北京大碗茶"。因老舍先生曾著有《茶馆》话剧,1988年遂改名为"老舍茶馆"。开业之际,老舍的夫人胡絜青特为老舍塑像揭幕。

老舍茶馆的二楼是以北京四合院为原形改建而成的四合茶

茶馆演出大厅

院，三楼东侧为茶餐厅，中部为茶庄，西侧为文艺表演厅。舞台两侧有一副对联。上联是"振兴古国茶文化"，下联是"扶持民族艺术花"。表演厅仿北京老式演出剧场，厅内置八仙桌茶座，供茶宴聚会和欣赏戏剧表演。桌上有茶和京味小吃，可以一边饮茶、品尝小吃，一边观看演出。白天多为票友戏迷自娱活动，晚上多为戏剧或曲艺专业演出。老舍茶馆开张后，国家领导人多次来到这里视察或观看表演，此外还接待了40多个国家和地区的贵宾与国际友人。

电影放映

除剧场之外,前门大栅栏地区还有电影院,名气最大的是大观楼电影院与同乐影院。此外在大栅栏西南侧的大力胡同过去也曾有一座电影院,称新中国电影院,因比较偏僻,改革开放后停止了电影放映,改为大栅栏礼堂。

大观楼电影院位于大栅栏西口路南,创建于光绪三十三年(1907年)十二月,是北京开办的第一家电影院。进门后有一过厅,其后为观众厅。该影院除放映电影外,民国时期曾一度加演歌曲、

大观楼电影院

杂技等节目，抗战时期芙蓉花、小蘑菇都曾在此演过评戏和相声。

1960年，有关部门对大观楼电影院进行了改建，使其成为北京第一家立体电影院。1976年，这家最古老的电影院被大火所毁而停业。1987年，重建后的大观楼开业，新建成的大观楼按70毫米放映机和六声道立体声电影技术标准装备，特别是高8米宽18米的大银幕，伴以六声道立体声更增强了电影情节的逼真性。重建后的大观楼占地2250平方米，建筑面积2050平方米。楼上观众厅设有671个座位，四壁采用铝合金穿孔板和超细玻璃棉作为吸音材料。人们在大栅栏购物之际，可以顺便在大观楼看一场电影作为休闲，因此大观楼重建之后很受观众的欢迎。

同乐影院位于大栅栏与门框胡同相交路口，建于宣统元年（1909年），最初为戏园，因圆明园里有座大戏楼叫同乐园，为避免重名而定名同乐轩。大门坐西面东，戏台则坐北朝南。园内有七八百位座席。俞振庭的双庆社曾在这里演出。因地域不大，前、后台都较小，不适合演大型剧目，故经常演出一些小型杂耍、曲艺等节目。1932年3月改为电影院，成为北京最早的电影院之一。1985年重建后改为北京全景电影院，球形电影厅面积150平方米，可放映180度立体声球幕电影。

戏装生产

前门大栅栏演艺行业的发展也带动了戏装行业。戏装行业同北京的戏剧历史一样很早就产生了。关于北京的戏装行业《北京市志稿·文教》卷二十六曾有这样记载:"戏剧衣装之制造,元已不可考;而由明历清,屡经改进。从前衣装,以宫中制者最完美,而市中班装一因明代之旧,自程长庚整饬装具,完全改革旧式,绘样制图,指导监工。当时造戏衣之店铺共有三家,一为玉丰协,在煤市街路西;一为宏兴号,在东珠市口路北;一为正源号,亦在东珠市口。""又有三顺、双兴两家,一在草市,一在珠市口南。其衣装各色共九十九种,以大衣箱、二衣箱、旗色箱为三类。把子,为戏剧所用之兵仗武器,三百五十六样,俗名把子。而制造者只'把子许'一家,分设两号,铺掌许魁荣为扎把子之名手,在嘉庆时,于正阳门外大蒋家胡同设天德涌。光绪时有许庭顺者,于玄帝洋井北另设一号,即名之曰'把子许',各省并无分号,为国内戏剧界用物唯一之制造厂。"可见伴随前门大栅栏一带演艺业的发展,北京的戏装制造也主要分布在前门大栅栏附近,这些店铺生产的戏装适手合用,耐久延年,除北京使用之外,还远销外地,"津、沪、汉、港无论何地所用,皆北来定购"。而清末程长庚对戏装所进行的改革,使戏装更加规范,形式也更加完美。

1956年，将三顺号、双兴号等位于前门大栅栏及其他地区的18家生产剧装的小作坊进行了合并，改为国营企业，取名北京刺绣剧装厂。厂址设在原三顺号所在地的西草市街1号。1957年改为北京剧装厂。1972年盔头戏剧社部分技工加入北京剧装厂后，使剧装厂的规模扩大，成为全国生产剧装道具等产品最齐全的厂家。主要生产戏装、道具、靴鞋、刀枪把子及影视、旅游（服装道具、和服腰带）等产品。产品质量优良，不仅销往全国各地，而且还远销美国、日本以及东南亚等国家和地区。

餐饮业

前门大栅栏商业街区之内，饮食业也极具特色，无论走到哪条街巷胡同，到处都可以看到各式各样的商业餐馆、饭店与风味小吃店，如再加上经营各种食品的大小商店，以饮食食品为经营主业的商店大约要占前门大栅栏商业街区商店总数的五分之一以上，其中也不乏历史悠久的老字号。这些老字号通过多年的辛勤劳动，创造了独特的饮食文化，使北京文化更加丰富多彩。

早在元代，今前门一带即已出现了餐饮食品买卖活动，如《析津志》中记载丽正门外市场上出售的"米甜食、面饼、枣糕"等各种风味小吃即是。明代，前门大栅栏成为北京的商业中心之后，进一步促进了餐饮食品业的发展，不仅食品店铺大增，还出现了许多以食品为主要经营品种的商品市场。如鲜鱼口有鱼市，肉市街有肉市，西河沿有菜市，而果子胡同则以销售水果而得名。

北京旧有两大果子市，一在德胜门，又称北市；一在前门外果子市，又称南市。而南市的规模远大于北市。前门外的果子市诞生于明，至清末，果子胡同内的果子行约有六十余家，万成、恒兴、顺昌、同顺就是其中最著名的四大果行，此外还有公盛、天盛、永盛、同裕、德昌、天义成、德成、三胜福等。据说清代各地运来的水果在这里都有专柜收集，供内宫选用。

这些果行都有政府颁发的"仿帖"，有的甚至还有"独帖"，对某种果品实行独家经营，如枣邓家、瓜子崔家都是世代专门经营枣、瓜子的商家；永盛红果店又称贾家店，始终垄断红果经营权。每天天一亮，果子市店铺就开始营业，十点钟达到高潮。鲜果局、果摊、小贩都汇于果子市，每个果店门前摆满了果品，这些果子一般不零售，都有购买的最低限额，买好后先到柜上交钱，然后持"写帖儿"即上有购买数量、收款数目和印记的凭据，到门外果摊上领取果子。

西河沿的菜市场，其前身是清代的鱼市，1963年经过改造后，增添了猪牛羊肉、蔬菜、副食调料和豆制品等商品，改名为西河沿菜市场。1981年随着城乡建设和经济发展，将北面仓库也改为营业场,并修建了门面,命名为前门食品商场。主要经营猪牛羊肉、水产禽蛋、干菜海味、各种调料、酱菜熟肉、豆制品、中西糕点、面包饼干、烟酒糖果、罐头饮料、蜜饯果脯、红绿花茶、婴幼儿食品等。

餐 饮

在前门大栅栏饮食业中,餐馆饭店非常具有特色。清代以前,北京的餐饮业多附设于旅馆、会馆之内,专以饮食为主的店铺数量很有限。入清以后,由于外地与少数民族人口的大量迁入,伴随北京商业的繁荣,餐饮业也获得快速发展的机遇,使北京的餐饮业逐渐成为独立的行业,因此前门大栅栏一带的餐馆饭店大多源于清代。

由于前门大栅栏离皇城很近,居住内城的皇亲官宦常到前门外餐馆消费,从而使一些餐馆与宫内有着千丝万缕的联系,身怀绝技的宫廷御厨也常走出深宫,在前门大栅栏一带或传授秘技,或自己开业,或受人招聘,结果使一些餐馆名声大震。有的回民在前门大栅栏一带也陆续开办了一些独具特色的清真饭馆,如前门大街的南恒顺,前门之内户部街的月盛斋,煤市街的馅饼周等都是著名的清真餐馆,每天都吸引了众多顾客。宫内餐饮秘技的传入与清真餐馆的出现,使前门大栅栏一带的餐饮业更加丰富、兴旺。

清末民初，由于政局动荡，各种政客、士绅交际繁忙，大量外国人也涌入北京，造成北京的餐馆数量大增。同时外地来京人员开办的饭馆也日益增多，形成一批具有地方特色的风味餐馆，其中山东、江苏、广东等地方风味最为著名，有的餐馆就设在前门大栅栏一带。如煤市街的致美楼、致美斋都是山东餐馆，西河沿的春明楼为江苏风味餐馆，陕西巷的新陆春是广东餐馆，这些饭馆每天都吸引了大量食客。为了适应外国人的口味，在北京还出现了西餐馆，如廊房头条的撷英、陕西巷的鑫华、前门内司法部街的华美都是西餐厅。与中餐相比，西餐虽风味别具特色，但除有钱人家外，一般百姓很少光顾。国都南移后，北京餐饮业虽然开始出现萧条，但前门大栅栏一带实力雄厚、久负盛名的餐馆仍能保持发展而存留下来。

北京的餐饮店一般都有自己的幌子。饭馆的幌子是长尺余、宽三四寸的红木牌，挂在房檐下，有的两个，有的四个，上边写着"家常便饭""随意小酌"等词句，两边还扎着红布。饭铺的幌子是用纸剪成红色或黄色的长方形或圆桶形的穗状物，象征着切面条。点心铺与饭馆一样使用牌子，不过牌子是大小八件，上边写有各种点心名称，如广东月饼、龙凤喜饼、重阳花糕、玉面蜂糕、福寿油糕等名目，其间还杂错着小铜牌数枚。酒店的幌子是门口挂一个葫芦形招牌，下边系着一块红布。油店挂的也是葫芦形招牌，但下方有方形座，或挂"亞"字形锡器。茶馆门口挂两块或四块木牌，上写"毛尖""雨前""龙井"等。饽饽铺的幌子是元宵。总之这些幌子大多都与所卖之商品有关。

北京的餐饮馆有的称饭庄，有的称饭馆。饭庄规模较大，都有宽阔的庭院，设有雅间，后边还有内室。房间幽静，摆设讲究，甚至有的饭庄还有戏台，在大摆宴席时，一边吃饭，一边唱大戏、演曲艺。包办宴席时同时可开几十桌。饭庄多以"堂"相称，如前门外的天寿堂、肉市街的天福堂都是著名的山东饭庄。

饭馆一般说比饭庄规模要小，多以楼、居、馆、斋等相称。因以堂为字号的饭庄多经营古板，价钱又贵，也不设散座接待一般顾客，所以进入民国后逐渐衰落，被楼、居、馆、斋等字号大饭馆所代替。在北京的饭馆中，位于观音寺（大栅栏西街）的福兴居、煤市街路西的万兴居、打磨厂路南的东兴居、大栅栏内的同兴居号称为"四大兴"。这些饭庄经营灵活，不但举行宴会，还增加了散座，自然生意越来越红火。位于鲜鱼口内的天兴居，光绪年间开业，由于厨师创造了许多名菜，所以每天来这里吃饭的顾客非常多，顾客所乘的马车挤满了饭庄门前，声势颇盛，被称为

珠市口太丰惠中饭店

"车马半条街"。万兴居吃饭的人多为前门外做买卖的商人,物美价廉的可口菜肴非常实惠,吸引了很多人到此就餐。东兴居位于打磨厂西口路南,经营的黄焖肉、黄焖鸡、溜鱼片、鸡血汤很有名,生意一度也很红火。

天然居饭馆位于大栅栏之西的观音寺街(今大栅栏西街),所烹调的菜肴皆南方菜。它所做的饭菜名气倒不大,但店中有一副上联却非常有名。这副上联是:"客上天然居,居然天上客",并标明以求下联。这副上联不仅以回文诗形式所写,而且还巧妙地将饭馆的店名"天然居"三字嵌入其内,读来令人兴趣盎然。对联挂出后引来很多风雅文士前来观赏,有的亦曾尝试着对了几副下联,但"皆牵强不能成文,且不自然"(《道咸以来朝野杂记》)。至今天然居所出上联始终未有理想佳作相对。

西河沿、打磨厂、前门附近、粮食店街、煤市街、肉市街、前门大街、鲜鱼口、廊房头条、珠市口附近是前门外饭店餐馆的集中分布地区。清光绪年间的《都门纪略》一书,共收录了70余家食品店铺,位于前门大栅栏一带的有29家,占41%。这些饭馆是:

大栅栏东口的羊肉馆、永和馆,大栅栏西口的聚元斋;
前门大街的素真馆、滋兰斋、都一处、义兴号、福聚德;
打磨厂的东兴居、三胜馆;
陕西巷南头的中西饭庄醉琼林;
肉市街的裕升楼、东升楼、天庆楼、天章号;
煤市街的阳春居、致美斋;

西河沿的斌升楼；

石头胡同的燕春园；

鲜鱼口的六合坊、便宜坊、天全斋、蕙兰斋、天兴斋、天馨斋、永庆德；

廊房头条的万庆楼；

门框胡同的复顺斋；

珠宝市的裕和馆。

实际上在前门大栅栏一带还分布有很多著名餐馆，如煤市街的山东馆致美斋、致美楼、丰泽园与泰丰楼，肉市街的全聚德、正阳楼，粮食店的万年居，西河沿的春明楼，大栅栏的厚德福，陕西巷的新亚春，前门大街的南恒顺（一条龙羊肉馆），前门箭楼南侧的华北楼等都是北京著名的餐馆。

在前门大栅栏一带名气最大的当属位于肉市街的全聚德烤鸭店。从清同治三年（1864年）创建起，至今已有140余年历史。全聚德的创建人名叫杨寿山，字全仁，河北冀县人。十几岁时因家乡受灾来到北京谋生。最初，向亲友借了点钱做小买卖生意，因善理财，不久即在前门大街摆了一个鸭子摊，专卖鸡鸭，因此积蓄了一点资金。同治三年（1864年），肉市街内一家山西人经营的杂货铺因生意萧条准备出让，杨寿山遂出资盘下这座杂货铺铺底，开了一间挂炉铺。杂货铺的字号原叫德聚全，意为"以德聚全，以德取材"。杨寿山买下店铺之后，将其名颠倒用之，改为"全聚德"。"全"字暗含他的"字"，取"以全聚德，财源茂盛"之意。

全聚德开张后，最初叫烧鸭店、挂炉铺。烤鸭也不叫烤鸭而叫烧鸭。过去烤鸭有三种方法,一种是挂炉烤鸭,一种是焖炉烤鸭,一种是叉烧鸭子。叉烧鸭子与叉烧肉的方法相同。在三种方法中,叉烧最为久远,所以都叫烧鸭。随着积累的不断扩大,全聚德又陆续增加了烤炉、炒菜炉和主食炉,并将铺房买下,为以后的发展打下了基础。由于全聚德的烤鸭做法精细,质量上乘,因而受到人们的欢迎。买卖越做越大,原来的铺房也翻改为两层楼房,可同时接待二百多人。

全聚德

全聚德的烤鸭从原料选购到烹调烤制，都严格把关。鸭子由固定的填鸭房按时供应，绝不在市上购买。鸭子购入后还要在自己设立的填鸭房重新填喂，不到一定重量绝不宰杀。一般要求鸭子从鸭蛋孵出到宰杀，要填至五至七斤重，时间不过百日。时间太短，鸭肉不够分量，喂养时间过长，鸭肉则不鲜嫩。其他作料的使用也严格选择。全聚德烤鸭用的是挂炉，一般用枣木等坚硬有果味的果木烤制。烤出的鸭子外焦里嫩，肥而不腻。吃时将鸭子片成薄片，片片带皮，佐以大葱、甜酱，配上荷叶薄饼或烧饼食用，美味可口，别有风味。

全聚德不仅烤鸭名贯京师，炒菜也脍炙人口。除一般炒菜之外，全聚德还有以鸭内脏和翅膀、脚掌为原料做的各种菜肴，如油爆鸭心、芫爆鸭肠、烩鸭胰、烩鸭舌、烩鸭肝、炒胗肝等，凉菜有卤什件、白糟鸭片、拌鸭掌等。以鸭子内脏为原料进行炒菜，称为"全鸭席"，在北京独树一帜，很有特色。20世纪30年代初，天津厨师吴兴裕被请至全聚德掌灶。吴为山东人，烹调技艺高超，他炒出的菜色香味俱佳，于是使全聚德成为地道的山东餐馆，其炒菜远近闻名。

中华人民共和国成立后，全聚德经过几次改扩建，规模不断扩大，我国政府举行的一些重要宴会也常在这里进行。为了扩大业务，全聚德在北京市内其他地方建了几处分店，从1979年开始，又将业务扩展至外地与国外，使北京烤鸭走向了世界。

北京的烤鸭有挂炉、焖炉之分。挂炉最早是烤小猪的，后来才用于烤鸭之上。焖炉是地炉，炉身用砖砌就，烤之前先用高粱秆把炉膛烧到一定温度，然后灭掉火，把鸭坯放在炉中铁箅上，关上炉门闷烤。故炉内的温度就成了闷烤的关键。温度过高，鸭子容易烤焦，温度低了则烤不熟。挂炉用的是带有果味的硬木，下边有底火，挂炉炉口为拱形，不要炉门。焖炉烤的鸭子外皮油酥，肉鲜嫩，出肉多，肥而不腻；挂炉烤的鸭子呈红褐色，通体颜色一致，外皮酥脆。挂炉烤鸭的代表是全聚德，而焖炉烤鸭的代表则是便宜坊。

挂炉烤鸭

便宜坊创业于清乾隆五十年（1785年）前后，比全聚德还要早。开业者为一南方人，店址最初在原宣武区米市胡同之内，为一小作坊，经营焖炉烤鸭与桶子鸡等，因味香适口，生意不错。店中有一伙计叫孙子久，不仅聪明伶俐，而且为人诚实勤快，在二人的操持下，生意越来越好。据说掌柜的只有一独生子，后因脖子上得了鼠疮，久治不愈，遂请来一个巫婆。这个巫婆对其说：孩子的病不好是因为你们整天杀鸡宰鸭闹的，这是报应，只要不再杀鸡宰鸭病就会好的。掌柜的一听，为了儿子就把作坊让给了伙计孙子久。孙子久接手后，继续扩大营业，提高质量，精工细作，质量不仅比其他店铺好，价格也比别家的低廉，时间一长，人们便把孙子久的鸡鸭作坊叫为便宜坊，名声也很快传播开来。

便宜坊的红火生意使一些人开始眼热，于是便从孙子久的便宜坊中千方百计挖掘人才，也挂起便宜坊的招牌，对外招揽顾客。到了咸丰年间，在北京即先后出现了七八家便宜坊或便意坊。其中一家在花市，一家在西单，一家在东单，而位于前门外鲜鱼口的便宜坊，则于咸丰五年（1855年）开业，初名便意坊。不久，在其东边又有人开了一家六合坊鸡鸭店，经营烤鸭生意。这些鸡鸭店都是山东荣成、威海人所开。当时在北京经营餐饮的山东人有两派，一派是山东福山人，多经营饭庄；一派是荣城、威海人，多做烤鸭生意。

鲜鱼口便意坊刚开业之际，经营的有生猪肉、生鸡鸭坯、香肠、丸子、鸡块、桶子鸡、清酱肉、焖炉烤鸭等十几个品种。由于便意坊的焖炉烤鸭、桶子鸡、清酱肉等食品独具特色，所以很受人们欢迎，再加上正处于前门繁华区内，生意越来越兴旺。便意坊的开业时间虽晚于米市胡同的老便宜坊，但后来居上，最后战胜其他对手，一直延续至今，其在前门一带开业的时间比全聚德还要早9年。"文化大革命"期间，便意坊被改为新鲁餐厅。"文化大革命"结束后，便意坊于1978年恢复了焖炉烤鸭的地方风味，并改称为便宜坊。

除了烤鸭之外，在20世纪90年代大栅栏内又增加了一处芝味烤鸡店，位置在清真同和轩饭庄的楼下。芝味烤鸡采用以灵芝为主的20多味中草药为调料，精选成活50天的鲜嫩肉鸡精心炮制，以远红外炉烤制而成。既有北京烤鸭外焦里嫩、甜咸酥软的特点，又无烤鸭油大腻口之感，一经问世即受到群众的欢迎。溥杰先生食后赞不绝口，还亲笔题书匾额以赠。

都一处与一条龙羊肉馆是前门大街很有特色的两个餐馆，因所做的饭菜美味可口，每天都吸引了很多顾客，所以在北京还留下两则动人的传说故事，这些传说都与清代的皇帝有关。

都一处位于前门大街36号，原本是一间很普通的小店，据说由于它有一段极特殊的经历才使其名扬京城。都一处开业于清乾隆三年（1738年），创办人是一位李姓山西人。他初到北京时，在肉市碎葫芦酒店学徒，期满后离开酒店，在鲜鱼口南侧搭起一个席棚卖酒为业，外边还挂了个酒葫芦为幌子。这个简陋的席棚酒店当时并没有字号，酒葫芦上只有"李记"二字，主要经营饭菜食品。由于李记酒店经营有信，所以生意很好，几年之后，便盖起了门脸儿不大的一座小楼，楼上有两小间雅座，其余为散座。

经营的品种主要有花生、玫瑰枣、马蔺肉、晾肉等，其中马蔺肉与晾肉颇具特色，很受客人欢迎。

据说在乾隆十七年（1752年）的大年三十晚上，大家都在准备着过年，饭店多已无生意可做，但李记酒店照常营业。这时忽然进来主仆三人，其中一位文人打扮，伙计热情地接引三人上楼就餐。就餐后，三人对店内的酒菜赞不绝口，文人打扮者问伙计酒店叫什么名字，当听说还没有字号时，这个文人打扮的人说：这时候没有关门的酒店，在京城恐怕只有你们一处，那就叫"都一处"吧。

当时李记酒店的人对此事并没有放在心上，但过了一些日子，忽然宫里的太监送来一块写着"都一处"三字的牌匾，这时大家才知道大年三十来这里喝酒的竟是乾隆皇帝。此事后来传遍了京城，"都一处"也随之声名鹊起。酒店的人把乾隆皇帝写的"都一处"匾额端端正正地挂在墙上，乾隆皇帝坐过的椅子也被盖上了黄绸子，下面垫上黄土，供奉起来，不许任何人再坐。据说在中华人民共和国成立前夕，这把椅子被撤去，从此以后便不知去向。

一条龙羊肉馆位于前门大街31号，它也有一段与都一处类似的传说。一条龙的真正名称叫南恒顺羊肉馆，一条龙是它的别称。据说很早以前有一个姓韩的回民在前门大街路西摆了一个小摊，专卖生羊肉，后来开始制作熟肉、绿豆杂面、芝麻火烧等出售。由于服务热情周到，生意越做越红火，小摊后来也变成了一个小店铺，以经营熟羊肉为主，并取名南恒顺。

到了光绪时期，有一天很多人正在羊肉馆内用餐，这时有两个人吃完饭后说没有钱，掌柜的看这两个人穿戴整齐，谈吐不俗，不像诓吃赖账之人，就把他们放了，让他们方便时把钱带来。谁知第二天宫里来了一个小太监送还了欠款，这时大家才知道昨天没带钱的人中有一人就是光绪皇帝，于是掌柜的赶紧把光绪坐过的凳子当作"宝座"供奉起来。过去龙就是皇帝的象征，因而"一条龙"在南恒顺吃饭的消息不胫而走，招来很多人来看"宝座"，从此南恒顺每天都是门庭若市，买卖更加兴旺。义和团运动时，大栅栏被一把大火烧毁，南恒顺也没逃过此难，据说光绪坐过的那把"宝座"在大火中也被烧成了灰烬。

入民国后，南恒顺正式挂出"一条龙羊肉馆"牌匾，但营业凭证与对外记账仍用南恒顺字号。随着时间的推移，渐渐地人们只记住了"一条龙"而却忘记了"南恒顺"。今天的一条龙已改建为三层营业楼，增添了各种中高档炒菜，成为前门一带很有特色的清真餐馆。

关于都一处，清《都门吟咏》有一首杂诗，诗云：
京都一处共传呼，休问名传实有无。
细品瓮头春酒味，自堪压倒碎葫芦。

可见有关都一处的传说在清代就已是说不清的事。一条龙的传说是否真实，也无从查考，但两个餐馆至今仍然很兴旺倒是事实。

在皇宫内皇上的膳食出自御膳房的厨师之手，各宫院也大多有自己的膳房，这些厨师手艺高超，菜肴精细，所以在清代有些宫廷菜肴逐渐被传到民间，这些菜肴往往就成为餐馆招揽顾客的当家菜。致美楼与致美斋原都位于煤市街，均开业于清咸丰年间。作为山东餐馆，一斋一楼在北京非常有名。两个餐馆都以"烩鸭条""红烧鱼头""四吃活鱼""五柳鳜鱼"等最享盛名，而"百鸟朝凤""三阳开泰""游龙戏凤"等名菜就是宫廷菜。一楼一斋后来先后倒闭，1982年，两个老字号得到恢复，致美楼迁至长椿街10号营业，致美斋迁至粮食店原人民餐厅旧址恢复了老字号名称，使原有风味得到恢复。

泰丰楼饭庄位于前门西大街，开业于清光绪初年，原在煤市街，为北京著名饭庄"八大楼"之一。以清、脆、鲜、嫩的山东风味菜肴而闻名。由于技艺精湛、服务周到，从而招来社会各界名流光顾。据说袁世凯曾在此设宴款待过同乡，李宗仁也曾在这里吃过饭。1952年停业。1984年3月，为了适应旅游事业的发展，恢复了泰丰楼老字号。使顾客可以再次品尝"砂锅鱼翅""烹饪虾仁"等拿手好菜。溥杰先生品尝后称赞说"饭菜味道堪称上等"，并即兴挥毫书写"继往开来、发扬光大"条幅相赠。该饭庄特二级青年厨师李启贵曾代表中国参加卢森堡烹饪大赛，为祖国赢得了金牌。

丰泽园最初也在煤市街，现在位于珠市口西大街，也是前门外很有名气的饭店。"丰泽园"本是中南海内的园林建筑，位于勤政殿的西面，为皇帝行演耕礼的地方。康熙、雍正、乾隆、光绪等都在此举行过耕种仪式。丰泽园饭庄开业后取其丰富、润泽之意为店名。

丰泽园饭店

　　珠市口西大街的烤肉刘的烤肉也很有特色。烤肉刘饭馆开业于清光绪二十年（1894年），创业人刘瑞。其烤肉与烤肉宛、烤肉季齐名。位于前门箭楼之南，西河沿街东口的华北楼饭庄也是开业于民国初年的老店，为山东风味餐馆。来到前门之前一眼便可望见，地理位置极为优越。

　　中华人民共和国成立后，特别是改革开放以来，前门大栅栏的餐饮业有了新的发展，出现了一批新的餐馆饭店。如位于前门大街的老正兴饭庄是上海的名店，1956年由上海迁京，改名上海老正兴饭馆。1986年在原地翻建楼房后，改为老正兴饭庄。主要经营上海风味饮食。

　　功德林素菜馆位于前门大街，开业于1984年，系北京最早开业的一家佛教净素菜馆，以扬州风味为主，选用三菇六耳、干鲜果品、新鲜蔬菜、粮食制品及食菌类为主要原料，可烹调味道各异、形态逼真的山珍海味等高级宴会餐和便餐。其制作讲究、选料精细、刀工别致、原汁原味、营养丰富，食之清淡可口，虽素而有荤香。

力力餐厅1954年9月27日开业，原在廊房二条56号，主要经营四川风味的炒菜和担担面，由于做工精，质量好，很受顾客欢迎。1956年迁到前门大街。20世纪60年代初，陈毅副总理也经常光顾此地，郭沫若还亲自为餐厅书写匾额，使力力餐厅名气大震。

此外，珠市口西大街的紫竹林饭庄、山城饭庄，大栅栏西口经营东北风味菜肴的松花江饭庄、前门东大街的加州烤肉餐厅、人人大酒楼都很有名。在正阳门西，地铁南侧还有北京正阳西市场。1985年建立，内有天宫酒家、肯德基、巴黎大磨坊前门面包店、正阳市场服务部等。

瑞宾楼饭庄位于门框胡同，1986年3月，在原专门经营褡裢火烧的原祥瑞饭馆基础上改建而成。原祥瑞饭馆经营的褡裢火烧呈长方形，很像旧时腰带上的褡裢包，因而得名。褡裢火烧是一种油煎肉馅食品。色泽金黄，趁热食之，鲜美可口，同时配以鸡血和豆腐条制成的酸辣汤，另有一番风味，因而深受群众欢迎。改建后的瑞宾楼既保持了褡裢火烧的特色，又增添了"一品肉""炸茄盒""干炸童子鸡"等山东风味菜肴。

小 吃

　　北京的小吃也很有名，这些小吃有的是从宫廷传到民间之后逐渐传播开来的，如明代由宫廷传出的龙须面，清代传出的酸梅汤、豌豆黄、麻酱火烧等；有的是外地人员来京后将各地小吃带到北京传播开的，如南味糕点等；有的是受满族和北方其他少数民族的影响而形成的小吃，如萨其马等。这些小吃不仅老百姓非常喜爱，很多王公贵族也极感兴趣，所以常常在一些著名的小吃铺订购小吃，按期送进府内供其享用。

　　前门大栅栏一带就有很多小吃享有盛名。如致美楼的蜜渍快果，聚顺和的茯苓饼、蜜制梨膏与果脯，都一处的烧卖、炸三角，普云斋的清酱肉，九龙斋的酸梅汤，会仙居的炒肝，正明斋的饽饽，月盛斋的五香酱羊肉，煤市街同聚馆（即馅饼周）的馅饼等都非常有名，受到人们的欢迎。但这些小吃在中华人民共和国成立后一度有所减少。

　　改革开放后，为适应市场经济的需求和旅游事业的

月盛斋

发展，前门大栅栏地区的小吃业得到了恢复，重新开设了一些老字号风味小吃店，还引进了外省市的著名小吃店和洋快餐店。如在大栅栏开设了天津狗不理包子铺，南来顺餐厅增加了清真快餐和风味小吃，在前门大街引进了开封第一楼灌汤包子与山西面馆，为北京增添了新的小吃品类。梅园奶制品小吃店聘请了御膳房传人，开发出的奶酪制品有姜汁奶酪、蛋黄奶酪、原汁奶酪、草莓奶酪、酪干等小吃，深受人们喜爱。在瑞祥天禧宾馆内还设有地下城小吃，供应南北各地特色小吃。廊房二条的爆肚冯和小肠陈卤煮火烧小吃店重新开业后，每日都有很多人光顾。李记白水羊头和茶汤李也在珠市口西大街路北开设了新店。

月盛斋是著名的回民餐馆，乾隆四十年（1775年）开业，创办人马庆瑞。最初店址在前门之内的户部街。门前挂一蓝布幛子，上边用白布条缝着"月盛斋马家老铺"几个大字，营业对象主要是宫廷内侍和衙署官吏。由于马庆瑞曾在御膳房帮过工，将宫内厨子酱羊肉的技术暗中学会，制作时辅料配方讲究，煮肉火候得当，羊肉选用内蒙古西口大白羊，再配上名贵药材及上好香料，因此月盛斋的酱羊肉香味纯正、不腥不膻、肥肉不腻、瘦肉不柴，很快便名声远扬。崇彝在《道咸以来朝野杂记》中对月盛斋的酱羊肉这样写道："所制五香酱羊肉为北平第一，外埠所销甚广，价之昂亦无比。所称一斤者，不过十两，装以铁匣，其精致也，与罐头金华腿等。"可见月盛斋销售有道。

"庚子之变"后，月盛斋曾一度迁至原宣武区果子巷内营业，后再回迁户部街。1950年扩建天安门广场时，月盛斋才迁至前

月盛斋

门大街路西。1981年至1984年，月盛斋的产品先后获得商业部和北京市优质产品称号，1988年，月盛斋的正阳门牌酱牛肉获得中国食品博览会金奖。

过去北京将糕点俗称为饽饽，在前门外就有很多制作饽饽的店铺，其中最著名的是正明斋饽饽铺。正明斋饽饽铺开业于清同治三年（1864年）前后，创办人姓孙。孙姓祖籍山东，来京后在肉市街摆了一个小酒摊，由于为人诚恳，酒客很多，逐渐有了积蓄。正巧肉市街路东一酒楼关闭了，于是孙姓将酒楼铺底盘下，开办了正阳楼酒楼，因其小菜味道适口，特别是大螃蟹尤其鲜美，于是名声渐大，资本日多。同治三年（1864年），孙姓在煤市街开办了第一家正明斋饽饽铺。后又陆续在前门外北桥湾路西开了正明斋东栈，在珠市口以南路东开设了正明斋南号，在西珠市口路北开设了正明斋西号，在前门大街路东开设了正明斋晋记，在前门外小桥路南开设了正明斋文记，正明斋在北京总共有七处，但都在前门外一带，总号设在煤市街路东。

正明斋的饽饽花样繁多，品种齐全，经常供应的有芙蓉糕、萨其马、蓼花、金钱糕、江米条、套环、糖麻花、双麻、蛋卷、鸡蛋糕、喇嘛糕、喇嘛卷糕、俄式排叉、西洋糕、蛋黄酥、茯苓饼、蜂糕、小八件（枣方子、杏仁酥、小桃、小杏、小石榴、小苹果、小核桃、小柿子等八件，共半斤）、细八件（状元饼、太师饼、囊饼、杏仁酥、鸡油饼、硬皮桃、白皮饼、蛋黄酥等八件，共一斤）。

这些饽饽选料精细，投料充足，所使用的原料有山西的薄皮核桃、密云的小枣、云南的桂花、北山的山楂等，所有原料绝不以次充好；正明斋的月饼一斤面要对四两香油，绝不能少。其他店铺生产的蜜供，在温度高的屋子里，蜂蜜会淌下来，整个供就松散了，而正明斋的蜜供因在其中增加了冰糖，所以就没有这种现象。正明斋的包装也很讲究，不论买多买少，都要包装好。少的纸包，多的装匣，买得多或买大件的还管送货到家。每年一进腊月，在北京的大街小巷里常可看到身穿棉装的工人，挑着写有"正明斋饽饽铺"字样的大圆笼，给大户人家或大店铺送货，增添了浓浓的年节气氛。

抗日战争爆发后，正明斋的买卖逐渐走向萧条，到了中华人民共和国成立前夕，已很难维持下去。中华人民共和国成立后，正明斋各店陆续关闭。改革开放之后，前门大街的正明斋老字号得到恢复，使百年老店重新焕发了青春。

前门大街路西还有一家享有盛名的清真饽饽铺祥聚公，创办人王殿文。清宣统三年（1911年），大栅栏东口南侧路西有一家店铺因亏损而倒闭，王殿文想把这家店铺的铺底倒过来，但原店主却提出要投资入股方可，经过协商，双方达成一致，于是1912年两人合伙的饽饽铺正式开张，店名定为"祥聚公"。其中"祥"字的含义是祝生意兴隆、吉祥，"聚"是股东相聚，"公"是要互相公平对待。

祥聚公开业后，王殿文重金聘请有经验、手艺好的掌案人，生产时采办原材料绝不马虎，仁和碾房磨的白面细，西红门小磨香油味醇正，虽然价钱有点贵，也订它们的货，从和面到上炉，一丝不苟，次货绝不上柜台，因而名声越来越大。过去北京人吃饽饽讲究时令，正月十五吃元宵，二月吃太阳糕，三月藤萝开花吃藤萝饼，五月端午节吃粽子，六七月天热时吃绿豆糕，冬月天气寒冷时，有钱人家吃芙蓉糕，一般人家吃"缸炉"（一种白面、红糖、香油混制而成的饽饽），这些饽饽祥聚公都按时供应。此外，年节、穆斯林把斋、开斋和走亲访友时讲究吃大、小八件并用其送礼。祥聚公生产的小、大八件在北京南城即很有名。祥聚公生产的各式清真饽饽选料精，投料足，做工讲究，风味独特，因此深受回汉顾客的欢迎。

七七事变后，祥聚公的生意逐渐出现萧条，直至中华人民共和国成立后才重新获得发展。现在生产的糕点有数百种之多，年产量已超过千吨。其产品还远销至山西、河北、吉林、陕西等地。

1990年，第十一届亚运会在北京举行，组委会特指定祥聚公为穆斯林各国运动员餐厅提供中西糕点月饼20个品种，获得好评。

煤市街恩元居的炒疙瘩也很有特色。恩元居开业于1940年，创始人马东海。最初店址在大李纱帽胡同（现大力胡同），后迁到煤市街。他制作的清真风味炒疙瘩以做工精细、风味独特而闻名京城。其制作方法是：先用和好的面粉制成面疙瘩，煮熟后放入牛肉丁、蒜苗、青豆、芽豆、黄瓜、虾仁、蘑菇等作料炒制而成。炒疙瘩有清真、三鲜、木须、鸡丁等品种，口感清爽、筋道，清香不腻，别有风味。

炒肝也是北京很有特色的小吃，前门外鲜鱼口内的会仙居和天兴居则是两个以炒肝闻名的店铺。会仙居位于鲜鱼口路南，开业于清同治元年（1862年），掌柜叫刘永奎，最初是夫妻二人开的小酒馆，二人去世后，小店转入刘喜贵手中，刘喜贵有三个儿子，"庚子之变"后，会仙居由哥儿仨经营，主要用猪内脏烧制白水杂碎。但顾客对白水杂碎并不欢迎，后在《北京新报》主持人杨曼青的建议下对白水杂碎的做法进行了改革，并取名为炒肝。会仙居做出的炒肝，营养丰富，味道独特，很快名扬全城，成为北京的风味食品之一。每天会仙居都是顾客盈门，买卖很是兴隆，后逐渐有了积蓄，原先的小门脸儿也翻建成了二层楼房。

因炒肝原料便宜，制作简单，所以很多小商贩纷纷效法，到了20世纪30年代，在会仙居斜对面又开了一家专卖炒肝的饭铺"天兴居"，掌柜的一个叫洪瑞和，一个叫沙玉福，与会仙居展开了竞争。天兴居虽然新开业，但是他们善于经营，炒肝和烧饼都严格选料，制作不敷衍，接待顾客热情，所以也引来一些食客。会仙居的哥儿仨去世后由其后代五个兄弟接掌店铺生意。弟兄五人搞了个按月轮流当掌柜的办法，每月的盈利，谁当掌柜就归谁，五兄弟为了多赚钱，结果原料常以次充好，粗制滥造，日子一长，原会仙居的顾客都到天兴居那边去了，到1952年终于以出租的形式转让给了他人。1956年公私合营时会仙居与天兴居合并，独留天兴居的字号。

门框胡同是大栅栏中部的一条小胡同，向北直通廊房头条，胡同虽不大，但两边布满了各种小吃店铺，成为一条著名的小吃胡同。这些小店铺一般就一两间门脸儿，规模很小，但小吃品种却花样繁多，技艺也很精湛，如煎饼、黏豆包、杏仁茶、炸油鬼、馓子、糖耳朵、茶汤、艾窝窝、炸糕、馄饨、八宝粥、芝麻火烧、豆腐脑、豌豆黄、面茶、切糕、饹馇、凉糕、糖三角、褡裢火烧、豆汁、酱牛肉、羊头肉、爆肚、卤煮小肠、煎灌肠等应有尽有。开业于清康熙年间的复顺斋的酱牛肉，酥烂味香，堪与月盛斋的酱羊肉媲美；爆肚冯的爆羊肚、肚仁，不老不嫩，鲜美可口；豆腐脑白的白嫩豆腐脑，辅以口磨渣羊肉卤，美味适口；马记五香羊头肉更以刀工绝技，片薄味醇吸引着新老顾客；奶酪魏的甘甜鲜嫩的奶酪，使人赞不绝口。每天逛大栅栏的很多人都在门框胡同的小吃铺里买些小吃，一边休息，一边品尝。由于城市建设的发展与条件的限制，自20世纪50年代后，门框胡同小吃街逐渐走向衰落。

干鲜果品

前门外除果子市的鲜果批发之外,还分布有大大小小的干鲜果品店,著名的店铺有位于正阳桥之西的通泰德干果店,位于南晓顺的泰兴金糕庄,位于大栅栏的聚顺和南货海味庄、晋昌鲜果庄、义顺鲜果庄,位于前门大街的长发永海味干果庄,位于西河沿的庆元海味杂货店,位于大蒋家胡同的长发祥,位于布巷子的郭记鲜果庄等,但通三益干果庄则是前门大街最著名的干果海味老字号,尤其是它制作的秋梨膏更是名扬海外,而其配方也来自宫内。

通三益的创办人姓李,于嘉庆初在通州开了个南货庄,取名三益贞,从江南通过运河成批运来干鲜果品、海味向外批发出售。嘉庆二十年(1815年),李掌柜将前门外大街路东一亏损的布铺铺底买了过来,开办了通三益干果海味店,即通州三益贞分号之意。通三益的商品既有干果花生、瓜子、核桃、栗子、榛子、桃干、杏干、桂圆,也有鲜果梨、苹果、桃、葡萄、柿子、枣、红果、西瓜、李子、槟子、橘子、香蕉、鲜荔枝、鲜龙眼;既有山珍香菇、口蘑、银耳、燕窝、猴头、熊掌,也有海味海参、鱼翅、鲍鱼,此外还有通三益自制的果干、果脯等商品。

由于李掌柜经营灵活,为人有信,生意发展很快。当时御膳房用的果品和海味有相当一部分由通三益供应,而太医院每年也到通三益购买秋梨煎制梨膏。李老板见宫内熬制的梨膏有特殊的医用疗效,认为走入市场效果一定不错,于是便想尽办法从太医院搞到了熬制秋梨膏的秘方,自己熬制秋梨膏出售。秋梨膏的功效是润肺祛痰、止咳祛喘、安神生津、健脾养胃,对咳嗽有较好的疗效,所以一上市场就受到了人们的欢迎。民国期间还给秋梨膏注册了"醉翁"牌商标,多次参加展览会,并被南洋各地华侨抢购一空,名声远传海外。

酱 菜

在前门大栅栏一带,位于粮食店街的六必居是一个很有特色和传奇色彩的酱菜老店。相传六必居创自明中叶,而挂在店内的"六必居"金字大匾,据说就出自明嘉靖年间奸相严嵩的手笔。关于六必居店名的来历众说纷纭。有的说:六必居最初是六个人合开的买卖,创业之初,他们延请严嵩题写匾额,严嵩顺手就写了"六心居"三个字。写完以后,严嵩忽然觉得"六心"取意不佳,六条心岂能合作得好?于是提笔在"心"字上又加了一撇,成了"六必居"。还有的人说:六必居最初是个小酒馆,它酿制的酒品质极佳,远近闻名。因酿制过程中要做到六个"必"字,即"黍稻必齐,曲蘖必实,湛之必洁,陶瓷必良,火候必得,水泉必香",

六必居店面

因此被人们称为"六必居"。

其实"六必居"的开创年代都属传闻，而对"六必居"这个名称的解释更是后人的妄猜。据邓拓考证，六必居创建的真实年代应在清康熙年间。邓拓查阅了六必居所保留的历代账本，在雍正六年（1728年）的账本上记载的酱园名称是"源升号"，直到乾隆六年（1741年），账本上才第一次出现"六必居"这个名称，可见传说并不实。既然六必居这个名字出现的时间比明代要晚得多，那么店铺额匾上的"六必居"三字出自严嵩之说也就成了无稽之谈。严嵩虽为明代奸相，但其天分奇高，书法雄浑苍劲，自成一家，甚有名声。严嵩在北京尚有多处墨迹，如明清两代贡院"至公堂"三字大匾，菜市口西鹤年堂药铺门内的"鹤年堂"三字匾额都出自严嵩之手，正因为如此，六必居酱园的匾额很有可能为后人仿严体而书，成为伪托严手之作。

六必居的创办者是山西临汾赵存仁、赵存义、赵存礼三兄弟，最初六必居只是个小店铺，专卖柴米油盐等物品，而六必居三字的含义是：普通百姓"开门七件事，柴、米、油、盐、酱、醋、茶"，除茶之外，其余六物都是人们每天生活的必需用品，所以称为"六必居"。义和团运动时，前门大栅栏成为一片火海，六必居烧得只剩下两间房子，店里的伙计把老匾抢了出来，保存在崇文门外东晓市胡同的临汾会馆里，第二年房子重修后才得以继续营业。

六必居也经营酒、青菜，酒虽然都由外边批发而来，但六必居深知酒好在醇，以多年的经验，每次酒买进之后都要放在老缸里封好，半年之后再开缸出售，酒味好得多，这种酒六必居称其为伏酒。还有一种叫蒸酒，味道也很醇香，因伏酒与蒸酒的度数可以达到69度，比市面上出售的其他酒要高得多，因而很受顾客欢迎。由于六必居的酒销售很好，于是就有人打着六必居的旗号卖假酒，针对这种情况，六必居采取了打票的办法，即给买酒的顾客一张小票，上面注明六必居出售的日期，以维护六必居的声誉。

六必居酱菜

六必居最有名的是酱菜,稀黄酱、铺淋酱油、甜酱萝卜、甜酱黄瓜、甜酱甘螺、甜酱包瓜、甜酱姜芽、甜酱八宝菜、甜酱什香菜、甜酱瓜和白糖蒜为其著名传统产品。由于选料精细、制作严格,这些产品酱味浓郁、脆嫩清香、咸甜适度,销售极好,每年前半年进货,后半年销售,到第二年开春正好把头年的酱菜卖完。

茶 叶

北京饮茶之风极盛,各种人等莫不皆然,而尤以饮绿茶、花茶为最,红茶销数无多。清代,最先到南方办茶之人为冀州寇姓,后徽商方张汪吴四姓始运茶来京,其后又有鲁商孟姓(瑞蚨祥鸿记)加入,俗称北京的六大茶商。而前门大栅栏一带经营茶叶的店铺即有好几家,有的还是开业很早的老字号。这些店铺是:

位于大栅栏的东西鸿记、吴德泰;

位于廊房头条的庆林春;

位于珠市口西大街的永安茶庄;

位于石头胡同的方景龙;

位于前门大街的王森泰、利泰茶店;

位于大栅栏的张一元。

庆林春茶庄由福建人林子训于1917年开办,地点在廊房头条。第二年又在东安市场内开办第二家庆林春茶庄,在前门大街五牌楼东侧开办了第三家庆林春茶庄。庆林春的茉莉花茶颜色清淡,味醇杀口而且有后劲,深受顾客的欢迎。而位于珠市口西大街的永安茶庄则是清朝末年天津永安茶庄在北京开设的分号,其匾额由于右任先生书写,以经营中低档茶叶为主。在前门大栅栏一带的茶叶店铺中,以安徽人张文卿创办的张一元茶庄最为著名。

张文卿17岁时来到北京,在崇文门外磁器口荣泰行茶店学徒。出徒后就留在店中工作,几年后有了积攒,于是在花市一带摆了一个茶叶摊。由于他拼配的茶叶质优价廉,买卖很好,不久就出了名。光绪二十六年(1900年),位于茶叶摊旁边的烟铺亏了本,于是被张文卿把烟铺的铺底盘了过来,开了一个茶庄,取名张玉元。"张"字表示茶庄为张家的买卖;"玉"字为玉茗的简称,玉茗本为名贵的白山茶花,在陆羽的《茶经》中是茶叶的通称;"元"字含有"一"字的意思,合起来表示为张家的第一等茶庄,可见张文卿对店铺的起名也颇费苦心。

张文卿的茶叶生意虽然获得了初步成功,但由于前门外是北京最繁华的地区,所以张义卿一直想在前门一带发展自己的买卖。光绪三十四年(1908年),终于有了机会,在前门外观音寺(今大栅栏西街)路南开了第二家茶庄,

张一元匾额

取名"张一元"。过去曾传"张一元茶庄"是张文卿用一元钱买了一张黄河奖券,正好中了头彩,于是张文卿就是用这笔钱开了一座茶庄。这种传闻纯属望文生义,黄河奖券的发行是七七事变之后的事情,而张文卿的茶庄这时早已开张了二三十年。

1912年,在大栅栏开始营业的张一元茶庄是张文卿开办的第三家茶庄。但这家茶庄的全称是张一元文记茶庄。其中的"文"字象征张文卿名字中的"文"字,取名"文记"既区别以前的两个茶庄,又表明这个茶庄才是正宗。从此张文卿就以大栅栏张一元茶庄为核心,把主要精力都放在该店之上。为了保证茶叶质量,张文卿于1925年又亲自到福建开办了一座茶场,专门收购新茶,

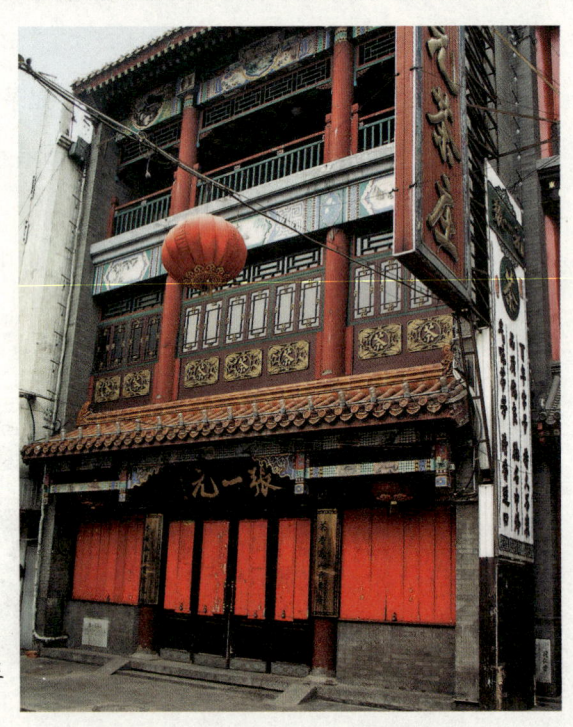

张一元茶庄

自己熏制。他们熏制的花茶汤清、色淡，喝到口中清香而有余味，不但价格便宜，而且服务周到，因而使张一元的茶叶远近闻名，市场销售甚好。

抗日战争期间，张一元的生意出现萧条，1947年茶庄后楼又不慎起火，张一元茶庄被火烧得只剩下了前槽门面，其余都烧了个精光。

中华人民共和国成立后，张一元茶庄获得了新生，为了发展生产，花市的茶庄被撤销，观音寺的茶庄也与大栅栏茶庄合并，观音寺的销售点停业后，大栅栏的茶庄便被称为张一元一直至今。

服务业

前门大栅栏的服务业涉及行业很多,其中最重要的是旅馆、照相、浴池服务与镖行运输。长期以来,这里的旅馆、照相与浴池服务热情、周到,质量上乘,享有很高的声誉,也赢得了人们的赞誉与信赖。

旅馆客栈

在前门大栅栏的服务业中,最主要的是旅馆服务业。我国古代旅店的产生,有的源自驿站、邸店,有的是伴随商品交流、人员的往来而兴起的,主要为从事远程贩运的商旅提供临时寓所。宋代之后,随着城市坊巷制度的废除,为城市商业的发展提供了更便利的条件,人员来往与商业贸易更加频繁,除原有的旅馆服务之外,有些酒楼和饭店也兼营起住宿业务。

北京很早就有旅馆设施,但前门外一带旅店服务业的发端却始自元代。旅店服务业是与商业并行发展的两个行业,元通惠河开通之后,南方客商就沿着漕河北上,来到今前门大栅栏一带建棚设摊,进行商贸活动,同时在前门外也就产生了最早的旅店,有的人甚至长期客居于此,成为前门外最早的客人。到了明代,前门外发展成为北京最繁华的商业区,每年各地来京的客商与应试举子大多都集中在前门之外,使这里的私家客店数量增长很快,可以说旅馆服务业是伴随前门大栅栏商业发展而兴起的最古老行业之一。明代,设在前门之内东交民巷的会同馆,是接待外国使臣的地方,中外客商进行的贸易洽谈往往也在这里进行,因此会同馆应是前门一带开设最早的官方旅馆,并一直沿用至清代。

清末,随着经济的发展与外国资本的入侵,特别是前门东、西火车站建成以后，使前门成为外地人员出入北京的主要交通口岸，每天来自全国各地的商贾游客都云集于前门一带，从而使前门大栅栏一带的旅店客栈数量大增。在前门外各街巷之内，到处都可以看到招待四方来客的旅店客栈。就地区而言，前门大栅栏一带的旅店客栈数量之多，密度之高，在北京首屈一指。

清末，李若虹编纂的《朝市丛载》一书，其性质实为北京旅游指南，书中卷三共收录了北京的客店101家，其中位于前门大栅栏一带的客店就有75家，占全部客店的75%。《都门纪略》是几乎同时出版的另一本北京旅游指南性质的书籍，书中卷二收录的客店有107家，其中位于前门大栅栏一带的客店有64家，占全部客店的60%。但两书所收的客店并不完全一致，两书经过互补之后，前门大栅栏一带的客店总数达到了102家。这些客店是：

位于西河沿的高升店、日升店、福升店、福来店、泰来店、泰兴店、顺兴店、永顺店、大兴店、大成店、义成店、天成店、天元店、集成店、晋銮店、增盛店、聚魁店、斌魁店、四合店、东升店、东庆丰、恩成店、连升店、广升店、义成店、第一栈、吉祥店、庆升店、平安店、同义栈、奎发栈、巨升栈；

位于打磨厂的鸿泰店、聚泰店、德泰店、同泰店、泰昌店、会成店、太谷店、悦来店、三义店、玉隆店、永兴店、全盛店、复隆店、德兴店、吉顺店、升升店、恒发店、恒和店、公和店、万福店、吉隆栈、宝盛合店、中尚古店、万福西栈、新大同店、西双兴店、兴顺车店、保安店、永平店、万福东栈；

位于长巷头条的宝盛西栈、万隆店、兴隆店、全泰店、恒远店、恒发店、德盛店、人和店、中和店；

位于粮食店街的兴盛店、万德店、恒通店、恒达店、万顺店、玉升店；

位于煤市街的兴隆店、万隆店、全泰店、顺丰栈、福安栈；

位于观音寺街（今大栅栏西街）的连升店、裕隆店；

位于西珠市口的德升店、高升店、天成店、永丰店、庆隆店；

位于东珠市口西湖营胡同的茂盛店、大生店；

位于珠市口之南刷子市胡同的公平店、万顺店、复兴店、富盛店；

位于珠市口之南兴隆街（今西草市东街）的大有店；

位于前门外蝎子庙（今并入北火扇胡同）的庆隆店；

位于小蒋家胡同（今小江胡同）的义和店；

位于施家胡同的恒通店；

位于王皮胡同的泰安栈。

实际上《朝市丛载》与《都门纪略》两书所收录的也只是前门大栅栏一带的部分旅馆，根据清末民国的文献，分布于这一带的旅馆还有很多。如位于西河沿的正阳旅馆、恒升客栈、会贤公寓，位于珠市口左近的长发客栈、长春客栈、明利客栈，位于东河沿的保定客栈、中和客栈，位于打磨厂的天有客栈、天达店、第一宾馆、德裕客栈，位于施家胡同的北京旅馆、三义店，位于前门西站左近的铁路宾馆，位于前门西城根的中华饭店等等也都处于前门大栅栏一带。

上述旅店有客栈、客店之分，一般说客栈的级别略高于客店。

这些旅店大多为四合院建筑，古时门前常挂着灯笼作为客栈的幌子，招徕客人投宿。有的在大门口悬挂一铁框玻璃罩灯，玻璃罩上书写一"栈"字，一望便知是旅店。门额上多有匾额，上书旅店名称。凡取名高升店、连升店的客店，一般接待应试举子较多；而称永兴店、兴隆店等名者，一般接待南北客商比较多。有的门旁还有楹联，上书"近悦远来，宾至如归"等字，门前还有拴马桩，供拴马之用。

清末，各种旅馆的房屋价格不等，上等客栈的房价每间在4吊钱左右，还包括两餐之饭食费；中等客栈只比上等客栈房间略小，故价格与上等客栈相差不多；下等客栈比较便宜，只有1吊钱左右；还有的客店档次更低，俗称"鸡毛小店"，专门接待贫民、穷人，房价只有几十文钱。客店的服务都很热情、周到，有的客店对待熟客还可以赊账住宿，使住宿者大为方便。

我国古代人们外出之际，有携带寝具之习惯，至今在各地火车站我们仍然可以看到背着行李被褥的外出之人，就是这种习俗的一种延续，所以在清末民初，有些旅馆并不向旅客提供寝具设备。清末以后，一些中等以上的客栈根据形势的变化，开始备有寝具，但并非无偿提供，而是多供客人租用。

从清末开始，外国人开始在北京经营旅馆，到了民国时期，前门大栅栏一带开始出现现代建筑风格的饭店，服务也改为西式招待，有的饭店还设有宴会厅、舞厅、中西餐厅、理发室等综合服务设施，甚至派有专人在车站接送旅客。这时期前门大栅栏一带的旅馆公寓大致可分为饭店、旅馆、客栈、公寓四种，均备有饭菜。房价以日或月计，并分为若干等级。其中位于东交民巷西口的华安饭店，创办于1926年，价格每天每间二元至六元不等，备有中菜西餐。位于西交民巷东口的中国旅行社招待所，创办于1935年，专门招待来京旅游人员，房价每天每间三元至五元，房内附有浴室。而位于打磨厂之内的天有旅馆，房价每天每间三角六分至二元，德裕客栈每天每间才二角六分至一元之间，房价就低得多。

大栅栏京华客栈

大饭店接待政商界人物较多，旅馆则为各界杂居，客栈主要以工商旅客为多，公寓多供学生、机关职员等人寄宿。由于业务往来密切，有的客店逐渐成为某一地区旅客的固定居住之地，如西河沿的旅馆接待的人员多为内蒙古与张家口一带的客商，而打磨厂内的旅馆则多住京东八县等地的客人，这种固定关系使旅客住宿有了一定的保障，客店也有了固定的收入，对双方都有好处。

今施家胡同内路南4号原是三义客店旧址，它的前身是清同治年间创办的三义镖局。清末，随着现代交通和银行业的兴起，镖局生意逐渐衰落，最终改成了客店，但仍然沿用"三义"这个字号。

三义客店共有 57 间客房，其中有 5 间楼房。院落宽敞，客房整洁。平房内是砖炕，楼上是木板床，可自带行李，也可租用寝具。由于前门大栅栏一带的旅馆数量众多，所以竞争十分激烈。三义客店之所以能够获得较好的经济效益，主要原因是管理有方，服务细致、周到、热情。旅客一进门，招待人员马上笑脸相迎，热情接待，先替顾客沏好茶，再为顾客打好洗脸水，然后在门外边伺候，随叫随到，使旅客虽在外地而有到家的感觉。有客来访，必由服务人员将客人送至客房，旅客的重要物品都反复向住宿者提醒保存好，并注意做好旅馆的卫生与安全工作，因而取得很好的信誉，博得旅客的广泛信任与好评。针对前门外商旅货栈比较多这一特点，三义客店还广交各行业朋友，使他们成为客店的定点常客，从而保证了客店的客源。

中华人民共和国成立后，三义客店一直营业。1950 年，曾被国务院以 1000 匹白布的价格收购，改为招待所，后又改为正阳旅店，现在则称施家胡同第一旅店。

由清代镖局转为旅馆的还有粮食店街的第十旅馆。该旅馆位于粮食店街 73—77 号，坐西朝东，南侧紧临甘井胡同。据传原为清代开设的会友镖局，因镖局在清末日渐萧条，不得不改为旅馆。占地面积 740 平方米，砖木结构，二层中式楼房。建筑平面呈"曰"形，横向有两个内天井，房间环天井四周设置。东西正、倒座楼四座，中间两座勾连搭。整体建筑朴实严整，做工精细，为近代京味民俗代表性建筑遗存。

中华人民共和国成立后，随着经济的发展，北京各地兴建了大量旅馆饭店，使全市的旅馆饭店布局发生了巨大变化。前门大栅栏一带的私家旅馆客店在公私合营之后，经过几次调整，有的被合并，有的被改为他用，但大部分都被保留下来，至今仍在继续营业，前门大栅栏作为北京旅馆服务业最密集地区至今并无改变。

在前门大街西侧，大栅栏西街有第一、二、三、四、六旅馆；大栅栏街内有市政府招待所、祥瑞宾馆及大栅栏第一至第六旅馆；西河沿街有新新宾馆、永安旅馆及西河沿第一至第七旅馆；粮食店街有北京客栈、如家宾馆、粮食店街第一至第十旅馆；煤市街有博兴旅馆及煤市街第一至第五旅馆；珠宝市街有珠宝市第二、第三旅馆；廊房头条有无量宾馆、山西省驻京办事处招待所；珠市口西大街有西珠市口旅馆；施家胡同、蔡家胡同均有第一、第二旅馆。此外，在陕西巷、石头胡同、大力胡同、云居胡同、朱家胡同、门框胡同、掌扇胡同、三富胡同之内亦都有旅馆散布于巷内。

在前门大街东侧，鲜鱼口街内有祥华旅馆及鲜鱼口第一至第四旅馆；在打磨厂内有西打磨厂第一、第二旅馆，前门第一、第二及第五、第六旅馆；在布巷子内有正阳饭店、安远旅社；此外在长巷二条、三条及肉市街内也均有旅馆。

这些旅店虽没有高档饭店豪华典雅，设施完善，但周到的服务、洁净的客房与低廉的收费也给四方来客，特别是外地的个体工商户留下了"喜迎天下客、宾朋如至家"的感受。除上述老式旅馆之外，在前门外还有一些规模较大的旅馆饭店。

太丰惠中大厦：位于珠市口西大街 120 号，原名惠中饭店，建于 1935 年前后。中式砖木结构，四进院落，最后院为一幢二层小楼。玻璃门窗走廊，电话、卫生设备齐全，其档次在当时仅次于北京饭店与六国饭店，在南城首屈一指。不少知名人士如梅兰芳、马连良、齐白石、王雪涛、蒋兆和等均曾来店居住过。

1956 年公私合营时，惠中饭店并入远东饭店，因只住旅客不经营饭菜，遂改名惠中宾馆。1974 年后，恢复惠中饭店名称。后筹资重建，1985 年 12 月竣工，占地 4193 平方米，总建筑面积 22285 平方米，主楼 17 层，地下 2 层，客房设施完善，考究舒适。1996 年，惠中饭店与香港太丰公司共同组建为合资公司，饭店更名为太丰惠中大厦。

永安旅馆：位于前门外西河沿 36 号，建于 20 世纪 30 年代中期，为孙殿英与天津正大饭店共同投资创办，原名北京正大饭店，后改名永安旅馆。是一座建筑面积 2047 平方米的两层楼房，共设客房 70 间。1949 年后改为政务院招待所，主要接待海外归来的爱国人士、战斗英雄及政协、人大代表。20 世纪 60 年代恢复了永安旅馆原名。

青云阁北京市人民政府招待所：位于大栅栏西街 33 号。原为 1918 年前后兴建的青云阁商场，中华人民共和国成立后改建为旅馆，后又改为北京市人民政府招待所。坐北朝南，主体建筑三层，平面呈长方形，砖木结构。北门现保留原完整的门洞立面，两边立石刻方柱，中间为砖券大门，券上有"青云阁"题刻匾额。三层以上有跑马廊，顶部做罩棚，中庭高大明亮。三层楼房四面围合，沿中厅四周布置房间。整体装饰采用西洋式风格，为民国初期的时髦建筑。

北京客栈：位于粮食店街路西61号，建于民国初期，为京城旧式老客栈。客栈坐西朝东，占地约800平方米，为三层砖木结构中式楼房。建筑平面呈长方形，客房环中庭四周设置。顶部做罩棚，中庭空间上下贯通。建筑立面简洁明快，带有西洋风格。女儿墙上的雕花砖芯池内镶刻"北京客栈"四字。客栈今保存完好，是京味民俗文化较浓的建筑遗存，现仍为旅馆。

照　相

在前门大栅栏的服务业中，大北照相馆是全市最著名的照相馆之一。大北照相馆位于前门大街北端路东，创办于1922年，距今已有90多年的历史，创办人赵雁臣。

赵学徒于鸿记照相馆，为人精明强干。赵雁臣出师后，与同乡崔某和黄某共同创办了大北照相馆。因赵熟悉照相业务而领东经营，算一个人力股，崔与黄各算一财股。大北照相馆最初在石头胡同，头两年的生意很好，净赚一大笔钱，但赵却以生意赔钱为名，并没有向崔黄二人分红。崔黄二人由于不懂照相业务，并不知道赵雁臣说的是假话，只好以保本为目的收回了自己的投资，就这样崔黄二人的投资实际上变成了向赵雁臣的"无息贷款"。

赵雁臣经营大北照相馆很有经济头脑，为招揽顾客，赵雁臣千方百计提高相片的艺术质量，所有照片赵都要亲自检验，不合格的绝不敷衍。为满足各界人士的照相需求，专门收买了青衣、老生、小生、花脸、小丑等各种旧戏装，还有结婚礼服、西服、学生服、中式长袍、马褂等服装，为照相者服务。为使黑白色相片不变色，还研制成功棕色照片。这种相片经过处理后永不变色。当时的相片底下都没有衬卡纸，既浪费相纸又不好看，赵雁臣遂率先在相纸后面衬托衬卡纸，既省纸又好看。此外为了解决大尺码照相的需求，还特意高价购进一架可照三四十寸尺码的大转机。这些举措深受顾客欢迎。

为扩大影响，赵雁臣除在电台、报纸大肆刊登广告以外，还利用戏园演戏时进行宣传，在戏台的幔帐上都绣有"大北照相馆"的字样。此外还以抓彩票的办法吸引顾客，凡来大北照相的人员都可抓一张彩票，抓着什么给什么，实际上人们抓彩票抓的多为不值钱之物，真正大彩头早已私下定好了主顾。1932 年，大北开业十周年之际，赵雁臣借此机会广泛宣传，又收到很好的效果。

1937 年，赵雁臣病死，他的妻子把大北托给王泽民等四名本店职工进行管理，并实行吃股的办法，即赵家吃股 70%，王泽民等四人吃股 15%，其他职工吃股 15%，根据营业效益，决定分红，把职工的利益与企业的经营结合起来。抗日战争期间，虽然各业萧条，但大北的照相效益还说得过去。由于大北在北京的照相业中影响越来越大，所以北京的照相业同业公会就设在大北照相馆内，主席最初也由赵雁臣担任。

1953年，大北照相馆被市百货公司以2万元价格收买，从此成为国营企业。1958年，大北照相馆由石头胡同迁至前门大街。由于大北照相技术高超，还承担了党中央、人大常委会、国务院等中央机关大型合影照的任务。

洗　浴

在前门大栅栏的服务业中，浴池洗浴也很有名。浴池北京又称澡堂子，有关北京澡堂的记载最早见诸元代，但一直至清代，澡堂子虽有增多，但总体发展仍比较缓慢。进入民国以后，北京的澡堂发展较快，据1935年《北平旅行指南》记载，20世纪30年代，北京城内的澡堂已达125家。其中在前门大栅栏地区的有位于打磨厂路南的永新园，位于西珠市口的清华池，位于鲜鱼口的兴华园，位于北晓顺胡同的文化园，位于观音寺（今大栅栏西街）的西升平与沂园。

清代以前，因风气未开，有身份的人很少到澡堂子里去洗澡，到澡堂子洗澡的多为贩夫走卒，所以价格并不太高。由于各澡堂的条件有别，所以各澡堂的收费也不一致，官堂三角至一元，客盆一角至二角，大屋子池塘铜圆二三十枚至一角，另外还付小费。

在服务行业中，澡堂子每天开门最早，而关门却最迟。澡堂洗浴分池塘与盆塘两种，池塘用白瓷砖砌成一方池，面积三四平方米至十余平方米不等，水深六七十余厘米，温度适中，可容多人共同进行洗浴。池塘旁边放置有大长板凳，供人乘坐。由于池塘中的热水要好几天换一次，所以有皮肤病的人洗完澡后，极易传染他人，这是池塘洗浴的不足。盆塘初为木盆，后均改为瓷盆。由于盆塘为一人专用，比池塘要清洁卫生，但价格却高于池塘甚多。

澡堂最初设备很简陋，墙壁四周安设衣箱，周围备有长凳，若人多时，还备有衣筐，筐上系有号码，客人将衣物放入筐内，洗完澡后认号穿衣。后澡堂设备大为改进，内都备有床铺，每张床铺上方有衣箱与挂钩，专门放置衣服，钥匙自己携带，另有洗浴毛巾每人一条。洗完澡后沏上一杯好茶，躺在床上聊天、休息，还可以美美地睡上一觉，浑身轻松舒畅。澡堂子往往还兼有搓澡、理发、修脚、推拿等业务，有脚病者，洗浴完毕后可以由专业修脚师进行治理。后有的澡堂还单设雅间。雅间一般分里外间，里间有澡盆及其他卫生设备，外间则有沙发、软床、藤椅、衣架，非常讲究，专门接待有钱者。

清华池位于珠市口西大街东口北侧，是前门大栅栏一带最为著名的浴池。建于光绪三十一年（1905年），原称小仓廊澡塘，20世纪20年代，由回民于子旺投资对澡堂进行了改建，完工后改为清华池浴池。由于正处于闹市区，每年效益很好。30年代清华池澡堂被宁夏军阀马福祥收买，为扩大营业，马福祥将澡堂扩建为楼房，营业面积达到2200平方米，澡堂内部还专门设置了清真浴室和理发部，成为服务项目、设备条件比较先进、齐全的大型浴池，因而吸引了大批顾客。

中华人民共和国成立后，公私合营时清华池被改为国营企业，1965年曾进行过一次翻建。改革开放之后，人们的生活水平提高很快，为了适应人们的需要，1986年再次进行翻扩建，重新进行了装修，营业面积扩大至2700平方米。装修后的清华池浴池典雅华丽，楼上楼下共有大池塘6个，散席72张，男女雅座盆塘24间，还增设了桑拿浴、矿泉浴、药物浴、水按摩浴等项目。浴池内有理发部、洗衣部、按摩室、脚病治疗室和冷热饮部。其中脚病治疗室的技师治疗技术高超，享有很高的声誉。三楼还附设有旅馆，可供客人留宿。

前门外的镖行

火车出现以前，交通不便，路上多不安宁，为了保护货物运输和旅行人的生命财产安全，在民间往往由镖局加以护送，镖局于是成为承担运输服务并保护运输安全的专业单位。镖局并无资本，只有为数众多会武术的镖客，专门负责沿途保护运输货物车辆。由于镖局与盗匪常有来往，所以在一般情况下，押运时车上都要插上标有镖局局号之小旗，每遇桥、庙、树林、城镇都要预先大声呼喊，名曰"喊镖"；遇前面有人也要招呼，称为"喊小号"，所以沿途响马与盗贼知道是某镖局后，因旧有交情，往往避开很少骚扰。运输物品时承托方与镖局首先要达成某种契约，规定安全运达目的地后承托方所付的报酬，如镖局不能将所托运物品安全送达目的地，镖局也要赔偿全部损失。

清代，由于前门外是北京最繁华的地区，在这里集中了大量银钱业与商号，因此以保护商业银钱运输安全为己任的镖行也取得了发展机遇，特别是在现代银行出现以前，银钱汇兑是很困难的事情，大宗款项银两只能由人解运，为防止途中被劫持，镖局运送钱款业务一度很兴旺，并成为前门外镖局最重要的业务。

清末随着现代交通的出现，前门外镖局的数量虽然有所减少，但仍有十多家存在。这些镖局是：

位于东珠市口路南狗尾巴胡同的永兴镖局、正兴镖局、天兴镖局；

位于布巷子的自成镖局；

位于西珠市口的福源镖局；

位于打磨厂的东源成镖局、北源成镖局；

位于西河沿的东光裕镖局、西光裕镖局；

位于前门外珠市口西半壁街的源顺镖局；

位于粮食店的会友镖局；

位于施家胡同的三义镖局。

这些镖局一般都有保镖路线分工，永兴镖局与正兴镖局专走南宫白布镖，天兴镖局与自成镖局专走深、冀一带，福源镖局专走饶阳等处，东源成镖局专走东三省，北源成镖局专走热河等地，东光裕镖局与西光裕镖局专走北口外之镖，源顺镖局专走散镖，会友镖局专走束鹿、衡水、安平、深、冀、南宫等地。其中三义镖局成立之时，主要保通往山西太行的青云店、娘子关与阳泉三路的镖趟子，因而借三路江湖义友而得名三义。到了光绪年间，随着现代交通和银行业的兴起，三义镖局生意逐渐衰落，最终改成了客店。

在前门外镖局中最具传奇色彩的是源顺镖局。源顺镖局开业于光绪五年（1879年），创办者王正谊，字子斌，为当时京师武林名侠。王子斌祖籍河北沧州，从小喜爱武术，成年后练就一身本领，善于用刀，在拜把兄弟中因其行五，故人称"大刀王五"。

镖局坐南朝北，门前右上角竖有一面杏黄大旗，上书"源顺镖局"四个大字。进门东西墙壁上悬挂有"德容感化""义重解骖"两块匾额。门洞内壁上方有两块小匾，一书"尚武"，一书"济贫"。大刀王五除领导镖局保镖护资之外，还广招天下志士，率镖局积极参与救国救民运动，在戊戌变法和义和团运动中，镖局成为群众团体秘密联络和聚会的据点。光绪二十六年（1900年），八国联军入侵北京时，面对侵略者的烧杀抢掠，大刀王五义愤填膺，与侵略军展开了英勇斗争，一次在前门外护城河边与敌人战斗时，不幸中弹牺牲。

大刀王五牺牲后，源顺镖局处于无人掌管之下，随着前门火车站的修通与现代银行的兴起，约在光绪三十年（1904年），源顺镖局歇业，其他镖局也逐渐失去原有作用而最终消亡。

金融业

前门大栅栏的商业发展也带动了北京的金融交易，从清代的中后期至民国时期，前门大栅栏一带一直是北京的主要金融市场，也是金融机构最为集中的地方，可以说清末民国时期，前门大栅栏一带就是北京的金融中心。分布于前门大栅栏一带的金融机构既有银钱业、银行业机构，也有典当业和证券交易机构，而其中的银钱业最具特色。

银钱业

早在明代北京就已有了银钱交易市场,据《崇祯长编》卷一载:"京城内外,所有钱桌、钱市,著厂卫五城衙门严行禁缉。"这些钱桌、钱市就是明代的银钱交易市场,但当时的钱桌、钱市规模很小,主要以兑换为主。前门西河沿的正乙祠,又称银号会馆,是银钱业在京设立的行业会馆,建于清康熙六年(1667年),说明早在清初北京就已经有了银钱业的行会组织。根据银号会馆的办公位置,估计明代的钱桌、钱市可能也在前门外一带。清代特别是清末,伴随商品经济的发展,北京的银钱业发展很快,出现了钱庄、钱铺、银号、炉房、票号、银铺、金店等各种银钱交易机构,这些金融机构都是在明代的钱桌、钱市的基础上逐渐发展而成的。

明清时期,作为北京的商业中心,前门大栅栏一带集中了大批商业机构,因此为其服务的银钱业机构也大多集中在前门大栅栏附近,其中珠宝市、西河沿、打磨厂、廊房头条至三条、施家胡同、前门大街等地最为集中。据不完全统计,北洋政府时期,全市营业的银钱业机构有337家,其中位于前门大栅栏一带的银钱业机构就有142家,占全市银钱业机构总数的42%。这些机构的具体地点与名称是:

西河沿：广裕号钱铺、三益和记金银店、仁昌金店、同成银号、华侨实业银号、宝恒祥号银钱店、丽丰厚钱铺、通源号、乾云生银钱店、乾泰号金银号、裕昌金店、肇通银号；

打磨厂：义兴合银钱店、义源祥银号、义聚永银号、大升玉钱庄、大德川银钱店、大德玉银钱店、大德通银钱店、天丰金店、世义信银钱店、世合公分号银钱店、东三省银号分庄、庆丰银号、庆丰润银号、启泰金店、和义公银钱店、春华茂银号、春源银号、敦庆长银号、谦和泰银号、裕泰银号、裕源永银号、福德成银号、瑞生祥银号、锦泉永钱店、震发合钱庄、震源金店、聚顺发号钱铺、镒丰银号；

施家胡同：义昌银号、义和银号、大新银号、亿顺银号、仁行公银号、庆成银号、同源银号、华茂银号、宏兴银号、复大银号、复丰银号、信康银钱店、裕源银号；

大蒋家胡同：义诚协记银号、万义长钱号、四民银号、丽泉生钱铺、恒裕厚记炉房、福源隆记银钱店、德源银号；

珠宝市：义昌源银号、三益兴银钱店、万聚银号、天兴号金珠店、天和号银钱店、天裕金店、同元祥银号、同元祥炉房、华元银号、全聚厚炉房、全聚厚银号、宝丰炉房、宝簪金店、宝善源银号、恒盛号银钱店、祥顺兴银号、祥瑞兴炉房、祥瑞兴银号、谦兴银号、聚盛源银号、聚义银号；

前门大街：义泰号银钱店、大通银号、云益号银钱店、天聚丰银钱店、宝兴永号银钱店、恒昌银号、信成银号、信富银号、祥顺益银号、裕丰号银钱店、裕丰炉房、隆茂号、隆茂源号、源丰号银钱店、源和号银钱店、震兴银号、德成银号、镒丰银号；

西交民巷：三合号银钱店；

掌扇胡同：大中银号、大信银号、同源银号、金台银号、裕昌银号；

长巷头条：万荣祥银号；

大齐家胡同：万源恒银号、泰增兑换所；

廊房头条：开泰金店、天兴号银钱店、天聚兴金珠店、开源银号、祥和号银钱店、福远金店、瑞华和记银号；

东交民巷：天兴号；

北京旧银号

北晓顺胡同：天德隆银钱店、志远银号、信康银号；

煤市街：庆祥瑞银钱店、华昌银号、余大昌银号、裕生银号、裕康银号、裕源银号；

小蒋家胡同：同源银号；

廊房二条：恒义银号、益恒银号、裕华银号；

排子胡同：恒源永银号、华丰银号、华丰盛银号；

大栅栏：信义厚银钱号；

鲜鱼口豆腐巷：通商银号；

布巷子：裕丰源银号、隆聚号、震华银号；

长巷三条：裕通银号；

前门外草市：源丰号银钱店；

长巷上头条：瑞丰银号；

长巷上二条：慎昌银号。

这些银钱业机构的出现为在前门大栅栏一带从事商品交易活动的商号与商人提供了很大方便。

票号：

票号是银钱业机构的一种，清代中叶，随着商品经济的进一步发展，对货币流通的实际需求不断扩大，商人在经商中深感金属货币的易地交换实为不便，因而简便易行的票号便应运而生了。票号又称票庄、汇兑庄，因起始为山西商人所组织，故社会上又称"山西票号"。票号主要经营汇兑业务，为不同地区的资本调拨服务，后发展为全面经营存款、放贷和汇兑业务。比如汇款，汇款人将钱款交给票庄，并交纳一定汇费，票庄开出汇票给汇款人，汇款人将汇票寄给受票人，受票人拿汇票即可到分号领款。显然这种方式比自身携带钱款要方便得多。

我国第一家票号为日升昌票号，由山西平遥人雷履泰于道光三年（1823年）创办。总号在山西，全国各埠设分号。自道光之后，票号发展很快，而北京作为辇毂之地，所设票号最多。其中资本最殷实，信用最昭著，而主事人又能走动门子的，甚至可以代理省库。所谓代理省库并非代收官项，只是代向京中拨汇交部的款项。

据咸丰时期统计，北京设有票号100多家，其中有相当部分在前门之外。《朝市丛载》卷五就收录有位于打磨厂之内的协成乾、义成谦、存义公、志一堂、聚兴隆与位于北晓顺胡同的天顺祥几家票号。这些票号一般都有固定的联系地区，如协成乾就专门联系张家口、内蒙古等地。现代银行出现之后，汇拨钱款多转由银行完成，故入民国后票号纷纷倒闭而消失。

钱庄：

钱庄是一种信用机构，大多起源于货币兑换业的钱店、钱铺，还有的由炉房转变而成，在北京也叫银号。清康熙以后，北京的钱庄发展很快，乾嘉之际，北京的钱庄首推"四恒号"为最，也称"四大恒"，即由浙江人开办的恒利、恒和、恒兴与恒元四家，是当时北京经营银钱业务的主要店铺，但这四家钱庄都在东四一带，并不在前门外。

北京的制钱交易，最初由行业或商号自行组合，于清晨在茶房酒肆等地自由交易。清光绪年间，由四大恒发起，集资在前门珠宝市创立钱市，作为银钱交易的固定地点。因而珠宝市一带即成为北京最重要的金融交易市场。

钱市设在珠宝市街西侧的一条死胡同之内，所以这条死胡同后来就得名为钱市胡同。胡同长约六七十米，非常窄小，最窄处仅半米左右，只能单人通行。然而在清末至民国期间，就是这样一条不起眼的小胡同却操纵着北京每天的银钱交易活动，使钱市胡同成为前门大栅栏一带极富特色的街巷。

银钱交易的多少，与贸易盛衰关系极为密切，所以北京的银钱交易每天都在钱市聚会商议，以决定当天的银钱市价。从清末开始，每天早晨北京城内外的各处银商、钱商及其他商店从事银钱买卖者都聚会在这里，观望行市，进行银钱买卖。

钱市共设20个钱案子，又叫钱台，各钱案子都由一名钱经纪管理。钱案子是赴市内卖钱者用以摆放钱货样的案子，用砖砌就，方形，因流通的铜钱形状大小、质量好坏不尽相同，有大个儿钱、二路钱、原串钱及私钱等各种名目，故进行制钱买卖时，按例都要先看钱后议价。凡卖钱者必先携带货样两吊（铜钱50个为1吊），放在钱案子上，以便评价。开盘时，经纪人站在自己的案子上，高声呼唤买卖，双方成交后由经纪人到账房填写买卖证票。证票上写的字都是行内惯用的字体写法，只有行内之人认得，行外人大多不识。经纪人的字号通称"某家案子"，如"蒋家案子""李家案子"，均以姓冠之，子承父业。

由于钱市每天的市价交易不尽相同，从而形成一种差价，若卖银者多，则银价必下跌，钱价上涨；若卖钱者多，则钱廉而银贵，钱、银的行市每天上下浮动。当时尚无现代通信设施，所以每天到钱市进行交易的各商号人等都带有几只信鸽，开盘后将写有钱市行情的纸条绑在信鸽腿上，将信鸽放回本柜，商号即按钱市所开之行市作为买卖价格的标准。如遇市价有涨落之际，在钱市的各商号人员再将鸽子放回，以调整价格，这种方法直至电话出现之后才告废弃。除用信鸽报信外，还有的穷人专门沿街向铺户报钱盘，以此获得少许报酬。每天早晨开盘后，报者沿街向铺内一探头，口称"一两二"或"一两一钱五"，然后再接着走向下家，铺户即可知道当日钱市的价格。每天由珠宝市来的消息，开盘不到一小时就可使全城皆知。

今钱市胡同内有九组建筑，尽端为一庭院，上有罩棚，旁为铺房，即为清代官办钱市的遗存。巷南四组为三合院和一间铺面（8号），每组三合院占地仅约80平方米。正房三间，坐南朝北，厢房两间。房屋多为单层，仅2号院正房为二层。巷北四组均为独立式，二层或三层楼。2号、4号院正、厢房屋顶现尚存气窗，应是炉行冶炼银锭的作坊。1号、5号用典型的中式店面做法，一层开门，二层做木栏杆。3号

钱市胡同

院三层后半部用中式建筑，前半部有一两坡顶的凉棚，门上有石匾，匾名"大通银号"。在1号院的东侧（现门牌在珠宝市街37号）还有一座二层银号，面阔三间，门上也有石匾，上书"万丰银号"。小巷西端的钱市为南北两排平房。钱市胡同是我国现存最早也是保存最完整的金融交易场所，从钱市的这些遗存当中，我们还可约略看出当年这里进行金融交易的热闹情景。

钱铺：

前门大栅栏一带分布的钱铺也很多，比如广裕号钱铺、义丰号钱铺、丽丰厚钱铺、聚顺发号钱铺等都是。钱铺是我国早期出

现的信用机构,明代的钱桌就是小规模的兑钱铺。随着时间的推移,钱铺也逐步由简单的银钱兑换扩大经营存、放款等信贷业务,最终演化为钱庄。实际上钱铺与钱庄在性质上并没有大的区别,只是经营范围略有不同。清代开设钱铺须由顺天府与提督衙门批准,还要有保人担保,以防钱铺发生关闭、逃走等事。

前门大街钱粮店

开业的钱铺门前都有幌子,这种幌子用铜做成一串大钱模样挂在店头,或挂两串,或挂四串,依门面大小而不同。其获利之法主要是买入银子,卖出票子。钱铺交易之际获利方法甚多,其间也常有以不正当手段赚取客户之事。如谎报当日行情,或称银分量不足,或言银色不佳等都是常用的手段。如因经营不善或遇特殊情况,还会出现挤兑,钱铺应付不了只得倒闭,甚至关门逃走,每遇这种情况,商家或私人都会遭受损失。

因钱铺出票子利益很大,所以常有人制造假票,因此各钱铺所开的钱票向以草字书写,一家一样,并不雷同。纸票也不尽相同，各家均有秘密暗记，外人不易得知。但因钱铺所存之钱多不敌发出之帖，一旦发生挤兑，钱铺就要关闭歇业，甚至携资逃遁，所以客商换银，必须打听好钱铺的虚实，不然就很有可能遇到今晚换银，明早闭门逃走，所开钱帖尽成废纸的局面。

钱铺之间的业务一般都无凭折交往，又没有信用过账往来，所以遇有收取、交付、拨兑等事之后，都委托珠宝市的炉房加以解决。而各炉房也不视钱铺为同业，只以往来之主顾对待。入民国后，钱铺大多改为银号。

银号：

银号是前门大栅栏银钱业机构的另一种形式，北洋政府时期，在前门大栅栏一带的银钱业机构中银号约占一半以上，如义合银号、义诚协记银号、义昌银号、义昌源银号都是。民国初年，江苏督军李纯在施家胡同开设了义兴银号，该号后台坚挺，由此关系，后华茂银号、华懋银号、华兴银号、信富银号、裕昌银号、同德银号、永源银号、正阳银号、积生银号、启明银号、同益银号、余大昌银号、余大亨银号、东三省官银号、四川浚川源银号等也都相继选择施家胡同为号址，施家胡同遂得到了"银号胡同"之别名。义兴银号总经理叫赵毅斋，为美国花旗银行买办，与北京其他大银行都有密切关系，再加上督军李纯为后台，很多军阀都与义兴银号有往来，故其存款数额在京津银号中无出其右。后因所开设的源和银号在买卖中亏损巨大，兼之市场萧条，遂于1928年倒闭。义兴银号倒闭之后，在市上引起一场大风波，牵涉裕生等数家银号停业。

由于珠宝市地区的银号建立比较早，实力雄厚，影响力大，因而在北京的银钱业中逐渐形成了特殊的地位，其他地区的银号都要在珠宝市的银号开户，而珠宝市的银号却不在其他银号开户。由于当时尚未建立票据交换所，所以每天向开户银号的账目划拨多以口头"照码"，有电话的则使用电话，因此每天收班之后，各地银号都要到珠宝市的银号去登折，即把一天的收付划拨，补记在存折上，一天的业务才算终结。各银号之间如发生了业务纠纷，也要到珠宝市银号来加以解决。"七七"卢沟桥事变之后，北京建立起票据交换所，珠宝市银号的特权才逐渐消失。因珠宝市的特殊地位，银钱业"同业公会"会长一职，也长期由珠宝市聚义银号的经理王振亭担任。直至北平解放之前才更换了会长，但继任者仍然是珠宝市老银号祥瑞兴的经理郭存今。

民国以后，如开设银号，在向京师警察厅呈报时，需要具有资本5万元，并纳一等铺捐；如呈报兑换所，只需资本3000元，纳五等铺捐，但需要有两家铺保。所以凡开设银号者，申报时多以兑换所为名。其实内部图章字据均与银号无二。

银号经营的业务与钱庄基本相同，只是在经营钱票之外还发行银票，此外还接受官方或私人的存款与贷款业务。民国之后，由于新兴的金融机构银行资本雄厚，组织完善，远胜于银号，加之战争频仍，市面萧条，银号相继倒闭，只有前门一带的几十家银号尚能维持。抗日战争胜利之后，根据国民党政府的规定，银号一律改称为钱庄，至此银号名称不复存在。在珠宝市、廊房二条至大栅栏一带，我们今仍可找到早期银号建筑遗迹，珠宝市47

号原为鑫利福银号，现在还可看到匾额上书写的"鑫利福"三字。

炉房：

炉房亦为信用单位之一种，清代，因白银为货币的主币，所以炉房最初的业务主要是熔铸银两，每天将工商业收进的散碎银两熔铸为整银，即"元宝"，也叫"通宝"。后炉房开始以存放现银为主要业务，而各大商家、钱铺、烟钱铺以及衙门口、豪门也都要结交一二家炉房为后盾，所以炉房每天的商业交易量非常大，而前门大栅栏作为北京的繁华商业区，开设的炉房也最多。

炉房分为官炉房与小炉房两种。官炉房在前门外珠宝市，小炉房散于各处。清末民初，珠宝市有炉房26家，占全市炉房的41％还多。这26家炉房是聚丰、同元祥、德顺、聚义、益泰源、复聚、聚增、万聚、万丰、裕丰、祥瑞兴、宝兴、恒盛、聚泰、增茂、源丰、增盛聚、宝元祥、全聚厚、万兴、宝丰成、谦和瑞、德丰、裕兴源、恒康和聚盛源。珠宝市的26家官炉房信用最著，为京内外官商人士所信赖，因这些炉房都要在官方立案，可以代交官项，所以称为官炉房。官炉房也不能随便开业，必须申报许可，发照为凭，所铸银两上还要刻上自家店号及日期，作为标识，以示负有无限责任，即使后续者亦不能免除连带关系。后炉房除熔铸银两之外，同时也接受官衙、银商、钱铺、商店的存款或提供贷款业务，因而逐渐演变为银号。

珠宝市的聚义银号最初就是聚义炉房，开业于清同治二年（1863年），民国初改为银号。1943年又改为聚义银行。抗战胜利后，国民党政府规定：凡沦陷期内开业的一律停业；在抗战之前停业的，可呈报复业。聚义银行遂于 1946 年奉令停业。经过清理之后，将敌伪时期的股东请出，然后重新呈请复业，遂于 1947 年 2 月 28 日重新对外营业，一直至中华人民共和国成立后方告停业。聚义银行由炉房转为银号，再转为银行，其历史几近百年，在炉房中亦不多见。

金店：

金店也是一种信用机构，北京的金店多分布在前门外，据 1912 年统计，仅前门大栅栏一带就有金店 18 家，占全市金店的三分之二以上，主要集中在珠宝市、西河沿、廊房头条、打磨厂附近。金店表面上经营金银首饰器皿，金银买卖，其实这些并不是它的主要营业，它的主要业务是兑换实物，出具银票。金店与钱铺不同，钱铺只出具钱票，而金店则出具银票，以代替现银。清代，金店出具的银票一般只能在本地使用，遇有出行之事，如不带现银则需票号将银款汇至目的地，然后再换取当地银票使用。金店门前的幌子与钱铺、银号不同，是两块长方形的木板，板上涂金，并刻金箔金锭等，以标明企业性质。

由于清代实行捐官之制，所以金店往往代办捐官之事。捐官最高的可捐候补道，其次捐候补县，再次捐典史、县丞、同判、佐杂等小官。捐官者多为豪绅富商，其中有的人捐官并不为做官，只是以此装饰门面或夸耀乡里而已。

今廊房头条 15 号就是原宝恒祥金店的旧址，与劝业场相邻，在其西面女儿墙上还有"宝恒祥金店"字样。该店清光绪二十三年（1897 年）开业，由刘禹臣、吕琢如合资创办。初在西河沿，

1912年迁至廊房头条。金店遗址为三开间，两层，砖木结构，总体风格为西洋式，但细部纹饰大量使用了中式题材，颇富于创造性。

银行业

清末至民国时期，前门大栅栏一带的银行业也非常著名。我国现代金融机构银行的出现始于清末，光绪二十三年（1897年），在上海开设的中国通商银行是我国成立的第一家银行，翌年于北京设立分行，这是北京开设银行之始。清光绪三十一年（1905年），清政府在北京开设户部银行，即国家银行，除经营金融业务外，还兼管纸币发行，代理国库等职能。曾一度改称度支银行，光绪三十四年（1908年），又更名为大清银行，民国后，再改为中国银行，其行址就在前门北侧的西交民巷之内。因此从清末开始，前门附近就成为北京银行分布的中心地带。在前门之内，银行主要分布在东交民巷与西交民巷之内，在前门之外，主要分布在西河沿、珠宝市、施家胡同、廊房头条、打磨厂与前门大街等地。

在西交民巷与东交民巷先后开设的银行有户部银行（即后来的中国银行）、金城银行、中孚银行、中国农业银行、中南银行、花旗银行、道胜银行、正金银行、中法银行、汇丰银行、德华银行、汇理银行、华比银行等中外银行。

交通银行旧址

在前门外西河沿开设的有交通银行、盐业银行和中国垦业银行。

在前门大街有北京银行、信成银行。

在廊房头条有新华信托储蓄银行。

在打磨厂有震发合银行、志成银行、保商银行。

在大蒋家胡同有浚川源银行。

在珠宝市有华冲银行与直隶省分银行。

施家胡同位于前门大街的西侧,虽然只有280余米长,但胡同两侧却分布着十几家银行与银号,因而被誉称为"金融一条街"。在施家胡同路北有河北省银行、华威银行、殖边银行,在路南有泉通银行,此外还有十几家银号,胡同虽然不大,但银行与银号分布的密度在全市却独一无二。

交通银行北平支行

中华人民共和国成立后，官僚资本银行被取缔，前门大栅栏一带的金融机构大为减少，但至今我们仍然可以看到一些银行的遗迹。

在前门西河沿街9号有一座融汇中外建筑风格的楼房建筑，这就是清光绪三十四年（1908年）开业的交通银行所在地。银行占地近1000平方米，房屋建筑由著名建筑学家杨廷宝设计。建筑平面规整，以营业大厅为中心，周围安排办公室。主体建筑地上三层，地下一层，钢筋混凝土砖混结构。顶部用大片灰塑卷草云纹喻意额坊，并做斗拱的檐头。建筑内部以西方古典风格为主，但在营业厅内做中式天花藻井、隔扇、栏杆及彩画。该建筑参照西方近代造型手法，融汇中国传统装饰，对后来的建筑创作有较大的影响。

盐业银行位于前门西河沿街7号,也是三层小楼建筑,建造年代在1915年前后,占地面积800平方米。地上三层,钢筋混凝土砖混结构。正面面阔七间,以红砖墙为主调。两尽端略突出,用石块饰壁柱,柱头有雕饰。中间五间用二层高的爱奥尼柱式,二层上做檐壁檐头。三层窗头用三角形山花装饰,最上端有花瓶栏杆式女儿墙。大片红墙局部用白色腰檐和白色窗套。门窗洞口较大,利于采光,一层用弧形拱券,二、三层为方窗。整个建筑造型构图严谨,风格端庄,1995年被公布为北京市文物保护单位。

典当业

典当是我国最古老的信用行业,俗称当铺,主要业务是以收取动产或不动产为抵押,对押当人进行放款的高利贷机构。当铺的出现历史久远,北京也很早就有了当铺,到了明清时期,北京城内开设的当铺散布城内各处。

北京的当铺与钱庄、银行不同,钱庄、银行主要集中在前门大栅栏一带,而当铺在全市则是均衡地分布,因此前门大栅栏一带的典当业不像银钱业与银行业那样耀眼,数量少得多。清代,北京的当铺曾达到300余家,经过"庚子之变"和1912年北洋三镇兵变之后,北京的当铺大幅萎缩,民国期间,一直在七八十家之间徘徊,在前门大栅栏一带的当铺只有位于西珠市口的兴盛当，长巷三条的华裕当、蚨源当，长巷四条的福源当，陕西巷的公兴当，煤市街的福和当，西交民巷的增盛当，正阳门外协资庙（今北火扇胡同）路北的鼎盛当，大蒋家胡同的广泰当等几家，约占全市当铺的十分之一。

北京的"当业同业公会"成立于清嘉庆八年（1803年），初名"公合堂"，后改为"当商会馆"，民国期间改为"当业同业公会"。其办公地址就设在前门外西柳树井，即今珠市口西大街。

北京当铺早年在门前都设有旗杆或牌坊，上挂幌子。当铺幌子多为铁钩铜头，下有木制大钱两串，下悬红布飘带。在封建时代，幌子具有神圣性，不能落地，否则认为不祥。所以每天早晨开门，都由更夫用幌叉挑起，挂在旗杆上，名曰"请幌子"。民国后，由于市政建设的发展，当铺门前的牌坊、旗杆陆续被拆除，迫于形势，当铺的幌子也改变了形式，在门楣上做个铜牌，牌面镂空，上凿云头、方胜、万字不断头等花样，嵌在门楣之上。

民国时期的当铺

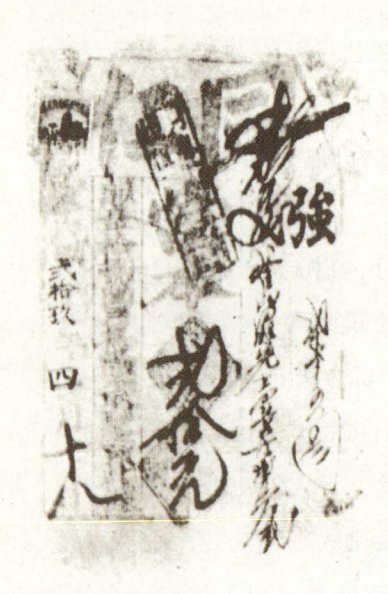

民国时期的当票

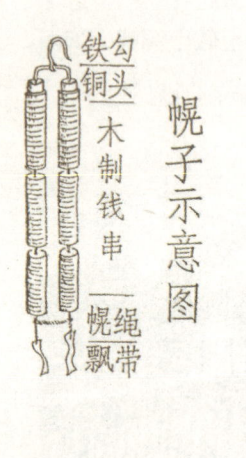

幌子示意图

铁勾铜头 木制钱串 一绳飘带

幌子示意图

当铺的当柜很高，不仰视就不能与柜内人交谈。之所以把当柜做得这样高，主要目的是防止当客与当铺人员发生冲突。因典当时，双方的典当价格往往差距很大，很容易发生冲突，甚至出现殴斗，因此柜台修得高一些双方就不可能发生直接接触。当铺掌柜常是百行通，具有较高的鉴别能力与专业知识。当物价格一般都低于物品之实际价格。当票上的当字写法也独具一格，这些当字有的参用别字土语，有的使用字的偏旁，变化离奇，外界人士多难辨认，即使业内之人在不同时期，当字演化也会发生歧异。

抗日战争开始后，北京的典当业获利大为减少，到1945年，已全部停业。抗战胜利后当铺逐渐恢复营业，但不久再次萎缩，北平解放时全市仅有30余家当铺，这些当铺在中华人民共和国成立后不久全部停业。

证券交易

1918年，在前门大街出现了我国第一家由中国人自己开办、专营证券业务的交易所。正式名称为北京证券交易所，地址在前门大街114号，由新亨银行经理王灏、大宛农工银行经理吕汉云、盐业银行经理岳乾斋、金城银行经理周作民、曾任山东财政厅厅长的李介如、农商部司长王怀清、财政部科长沈芑芳等人共同创办。股本100万元，为有限公司组织。北京证券交易所之下还有七个事务所，其中五个事务所设在前门大栅栏一带。市场交易仿照欧日美各国。北京证券交易所成立后，对全国兴办证券交易所起了很大推动作用，上海华商证券交易所就是在这种背景下筹建的。

交易所买卖分为现期交易、定期交易与约期交易三种。所谓现期交易就是立时交易，是契约成立后立即实行交割的一种买卖。定期交易又称限月交易，是在约定日期终了时实行交割的一种交易。约期交易又叫立限交易，乃是双方自行约定交割日期的一种买卖。由于北京证券交易所的有价证券不得逾三个月，故交易所的买卖又分为本月、下月、再下月三种。

交易所内设号头60户，每户各缴保证金5000元。债券买卖5000元为一单元，股票5股为一交易单位，债券与股票交易

西河沿中原证券交易所

都要收取一定佣金,月底结算后还要给经纪人20%的回扣。每天经纪人在场内把着电话,了解行情,掌握买进或卖出,场外绝对不许交易。交易所办公时间,上午10点至12点,下午2点至4点,实际上买卖全在上午,下午进行交割。因买卖瞬息万变,所以下午交易甚少,如下午买卖成交,必须在次日加以冲账。

证券交易所成立之后,北京的银行、银号大多都代客买卖债票。在交易所内每天盛况空前。当时一些官僚、军人、政客、绅商、文人骚士、新闻记者,尤其是财政部与银行之中的职员,多以买卖债票为发财捷径。参众两院的议员,有的每天都到交易所,赚了钱,手舞足蹈,赔了钱垂头丧气,甚至夜不归宿。依照立时致富的同样心理,进行投机活动的一些银号,往往也因此受累而倒闭。

1921年,北洋政府为了收回中交票(中国银行与交通银行发行之钞票),开始发行短期公债6000万元。第二年为偿还短期债款起见,又发行了八厘债券,总额9600万元,简称"九六公债"。此外,又以该公债偿还外债3960.8万元,故又名"偿还内外短债八厘债券"。以上两种公债票面较大,遂成为交易所交易的筹码,分现货与期货两种。最初有人尚可赚钱,但不久即因该项债券本息无着,价格忽涨忽落,终成废纸,很多银号因做"九六公债"而关门。做此买卖的个人,因此倾家荡产者也比比皆是。

1928年,国都南迁,证券交易中心转至上海,各银行总行也纷纷迁往上海,导致北京资金流向外埠,很多金融机构业务停滞,北京逐渐失去了原有的重要地位,致证券交易所日趋冷落,交易所遂呈请实业部将北京证券交易所改为北京证券物品交易所。此后,交易所时开时停,抗日战争爆发后北京证券交易所被迫停业。

中华人民共和国成立后,为加强对金融的管理,疏导游资,鼓励投资,繁荣经济,经政务院财政经济委员会同意,决定成立新的北京证券交易所。新

立字据人×××今借到×××宝号京平足银五千两正言明每月捌厘行息期订拾式个月本利一并归还不得转期立此为据

光绪×年×月×日×××印章 信行印章

公证人×××签字

立

借券形式

北京证券交易所于 1950 年 2 月 1 日成立，但不久即因行情波动，开支太大，甚至出现违法经营现象，而使证券交易亏损严重，经纪人遂陆续告退，到 1952 年，北京证券交易所再次歇业。直至改革开放之后，为适应改革开放的需要，证券交易在北京重新恢复。但始终没有成立新的证券交易所，证券交易均由证券商作为中介机构进行证券交易业务，但这些中介机构都不在前门大栅栏范围。

沧桑岁月

前门大栅栏处于天安门南侧不远的地方，特殊的地理位置使这里成为宫城之南最后的保护屏障。在政权交替或外敌入侵之际，前门大栅栏一带往往成为双方交战的重要战场。正由于这种特殊的地理位置，使前门大栅栏不仅成为北京的商业中心，许多重要的历史事件，甚至是影响历史发展方向的重大事件也常发生在这里。

在这条大街上，既有为争夺君主权位的生死之搏，也有革命志士为开展革命斗争所留下的各种可歌可泣的英雄事迹；有为保家卫国爱国将士所洒的热血，也有帝国主义侵略者在这里烧杀抢掠的累累罪行。在历史的发展进程中，前门大栅栏的欢乐与哀痛同时也是北京发展的真实写照。

"靖难之役"与丽正门大战

朱元璋定鼎南京建立明王朝之后，立即采取了一系列措施以巩固新生的政权，分封子孙镇守各地就是其中的重要措施之一。分封固然可以协助中央加强对地方的统治，但这种先秦时期即已采取过的特殊措施有利也有弊，这些封王到达封地之后，因兼掌地方军政大权，位尊权重，一旦养成气候就会成为中央政权的重大威胁，如西晋时期的"八王之乱"，前后长达十六年，给国家带来了巨大灾难，这种动乱即缘起于中央与封王之间的矛盾加剧。

明初的封王以北平的燕王、太原的晋王与大宁（今辽宁省凌源）的宁王势力最大。其中燕王朱棣乃朱元璋四子，《明史》称其"智勇有大略，能推诚任人"，他多次率军征讨故元残军，出塞辽东，于大宁大败敌军，声名远震，其手中不仅握有重兵，周围还聚集了一批军政干练人才，因而在诸王之中权势尤重。

洪武三十一年（1398年），朱元璋去世，其孙朱允炆即位，是为建文帝。建文上台后,诸王不仅手握重兵,而且还常"以叔父之尊,多不逊",因而使建文帝深感威胁而不安,他即位之后不久即采纳太常卿黄子澄与兵部尚书齐泰的削藩之议,开始实行削藩之策,并以工部侍郎张昺为北平布政使,张贵、张信掌北平都指挥司使,监督燕王朱棣。

朱棣对建文帝所采取的措施早有准备,最终于建文元年(1399年)七月诱杀张昺、张贵,夺取北平九门,以诛齐泰、黄子澄为名,叛反于北平,明初这场叔侄皇位之争,史称"靖难之役"。在与建文帝长达四年的征战中,朱棣表现出的军政才能远高于建文帝,因此战争爆发后,其发展态势很快就开始向燕军方向倾斜。

建文元年(1399年)八月,建文帝命长兴侯耿炳文为大将军率兵北伐,双方于真定展开大战,结果南军大败。建文帝旋即罢耿炳文之职,以李景隆为征北大将军,率兵五十万,进行第二次北伐。李景隆这个人"不知兵,惟自尊大,诸宿将多怏怏不为用"(《明史·列传第十四》),因而北伐再次失败也就成为必然。

面对李景隆所率南军,朱棣沉着冷静,他对诸将说:"景隆色厉而中馁,闻我在必不敢遽来"。于是他决定亲率大军东援永平,直取大宁,消除后患,命姚广孝辅佐世子朱高炽镇守北平。李景隆闻朱棣远征大宁,遂率军急渡卢沟桥围攻北平,筑垒九门,燕军则依朱棣所定策略,监守不战,等待朱棣还军夹击。在双方对峙期间,丽正门就是双方争夺的要点之一。为取得胜利,双方对丽正门展开了殊死争夺,南军为攻破城池,屡屡对丽正门发起强攻,城内守军拼死抵御,连城中妇女也走上城头,帮助守军抵御南军。交战时，砖石箭矢，纷纷掷下，打退了南军一次又一次进攻。当时前门大栅栏一带正是李景隆的军队向丽正门发起进攻的前沿阵地。

战争的结局最后以南军失败告终，朱棣终于推翻建文帝自己登上了皇帝宝座，这就是历史上卓有功绩的明成祖永乐皇帝。

于谦抗击瓦剌保卫北京之战

明代中期，前门大栅栏一带又迎来一次抵御外敌入侵之战。元代灭亡后，退走漠北的蒙古部族瓦剌日渐强盛，并伺机南进。瓦剌首领也先几次率军南犯，对明王朝造成了严重威胁。面对瓦剌的不断南侵，明英宗朱祁镇在宦臣王振的怂恿下决定率五十万大军亲征瓦剌，结果屡遭败绩，回兵中在怀来土木堡也先再败明军，最后连明英宗也成了瓦剌的俘虏，此次战争史称"土木堡之变"。

"土木堡之变"发生之后，瓦剌军乘势南下，北京遭受到空前危机，大敌当前，兵部尚书于谦力斥南迁之议，主张誓死保卫京师。他一面清除王振宦官势力，辅立英宗之弟郕王朱祁钰继承皇位以安定人心，这就是景泰帝，尊英宗为太上皇；一面调集兵马物资准备抵御外敌。正统十四年（1449年）十月一日，瓦剌大举入侵京师，攻势日急。初八，景泰帝命于谦提督各营军马，京师将士皆受其节制。于谦指挥诸路军马二十二万人，列阵于九门之外，抵御强敌。其中，都指挥李端即带军镇守正阳门之外，以防瓦剌军攻打正阳门，其驻军之地应该就是今前门大栅栏附近。十一日，瓦剌军兵至北京城下，但双方的主要交战之地是在西直门、德胜门与中都旧城的彰义门之外，前门大栅栏一带的明军当时并未与瓦剌军发生大的激战，相对比较平静。经过五天大战，瓦剌军损失惨重，最后不得不仓皇撤逃。不久，瓦剌将毫无价值的明英宗朱祁镇送还于明，因景泰已登皇位，英宗只好被尊为太上皇。

面对外来侵略，于谦大义凛然，以社稷为重，冷静应对，与入侵之敌展开了殊死搏斗，解明廷于危难之中，为保卫北京立下了汗马功劳，从而赢得人们的忠心爱戴，成为北京历史上的著名民族英雄。景泰八年（1457年），朱祁镇发动"夺门之变"，英宗复辟，重登皇位，改元天顺，并以谋逆罪将于谦杀害，成为一大悲剧，直至明宪宗上台之后才给于谦进行了平反。

洪承畴降清与崇祯的前门祭祀闹剧

明代中期以后，位于东北的女真部落日渐强大，辽东土地大部为其所有，其所建立的后金政权与明王朝的矛盾也日益加深。在明与后金的交战过程中，由于宦官干政，朝政腐败，明军多以失败告终。崇祯时，后金对明政权的威胁日趋严重，而卓有战功的袁崇焕，又因误中后金反间计而为崇祯所杀害。为了收复辽东失地，崇祯调兵部尚书洪承畴任蓟辽总督，授以尚方宝剑，负责抵御清兵。崇祯十四年（1641年），洪承畴统领八总兵，十三万人马与清军在松山（今东北锦州之南）展开会战，结果大败而归，翌年洪承畴本人也被清军俘获，后因经不住诱惑而降清。消息传至北京，朝中大臣向崇祯伪奏洪承畴战死疆场。崇祯听到洪承畴战死的假消息之后，为明王朝所面临的内外危机深感忧虑不安，在苦闷、悲痛之中崇祯忍不住痛哭失声，决定给予洪承畴以极高的礼遇，结果闹出许多笑话。为纪念这个所谓为国捐躯的洪承畴，崇祯亲率祭文于前门瓮城内西侧的关帝庙致祭，还在瓮城内东侧兴建了一座祠堂加以奉祀。洪承畴降清之事大白之后，崇祯搞的祭祀活动才告罢休，祭祀活动由此成为一出闹剧，祠堂后来也被改为观音庙。

在东北后金政权兴起的同时，李自成、张献忠的农民起义军也日益壮大，对明王朝形成了巨大威胁。崇祯十七年（1644年）正月十六日，辅臣李建泰督师讨伐李自成，崇祯抱着复杂的心理与无限的期望，亲自到正阳门送行，意味深长地对李建泰说："先生此去，如朕亲行"，目送二里许方才还宫。但仅过三月，北京即被起义军攻破，崇祯在悲痛绝望之中于煤山（今景山）自缢身亡。

外国帝国主义对前门大栅栏的两次铁蹄践踏

清代前期,社会发展相对比较平稳,前门大栅栏街区的商业活动得到一个较好的发展环境,很多著名的老字号大都创办于这一时期。鸦片战争之后,外国帝国主义加紧了对我国的侵略步伐,我国的民族危机日益加深,在短短的 40 余年中,前门大栅栏地区就两次遭到帝国主义侵略军的铁蹄践踏,成为中华民族的奇耻大辱。

第一次是 1860 年。鸦片战争后,英法等国利用我国发生太平天国起义这一有利时机,借口通商口岸太少,向清政府提出了修改《南京条约》的无理要求,妄图取得比《南京条约》《黄埔条约》等不平等条约更大的殖民特权,结果遭到清政府的拒绝,于是英法两国便在 1856 年对我国发动了第二次鸦片战争,最后逼迫清政府签订了《天津条约》。但这并没有满足外国帝国主义的侵略欲望,1859 年,英法两国公然在天津大沽口再次挑起战争,1860 年英法两国组织新的侵华远征军,8 月攻占了北塘,9 月,英法联军由河西务直犯通州,逼近北京,9 月 22 日咸丰皇帝仓皇出逃热河。10 月,英法联军进入北京城,开始了肆无忌惮的抢掠活动。他们不仅焚毁了艺术价值极高的圆明园,在前门大街、大栅栏、珠宝市一带，这些侵略军还荷枪实弹，大肆滋扰，公开抢掠银钱首饰衣物，滥杀无辜，使商铺被洗劫一空，很多商户损失极为惨重，有的店铺不得不闭门歇业。在英法联军枪炮的威逼之下，迫使清政府最后签订了不平等的《北京条约》，使中华民族再一次蒙受耻辱。

第二次是1900年发生的"庚子之变"。中日甲午战争之后，《马关条约》给中国人民又套上了新的枷锁，帝国主义列强加快了瓜分中国的脚步，使我国殖民地化的程度进一步加深。中日甲午战争的失败，举国震动，一些有识之士怀着强烈的爱国之心，发动了戊戌变法运动，以求救亡图存，抵御侵略，使我国走向富强，但维新运动在保守派的镇压下，最后以失败而告终。

为反对帝国主义对我国的侵略，在戊戌变法前后，我国又爆发了义和团反帝爱国运动，1900年，义和团运动发展至北京。很多义和团团民都在前门外打磨厂的铁铺定做兵器，结果使铁铺的兵器售价比平日高出了数倍。他们烧教堂，逐教士，把矛头直指外国侵略者。义和团的举动虽然沉重打击了帝国主义在华的侵略势力与统治秩序，但毕竟是以封建帮会的方式，甚至以愚昧的手法反对外来侵略，这就决定了义和团不可能取得反抗外来侵略的最后胜利。以纯朴的情感盲目笼统地排外，虽然在打击外国侵华势力方面取得了一些成效，但往往也会引发出相反的结果。

1900年5月，前门大栅栏发生了一场大火，繁华的前门大栅栏商业街区被烧成一片废墟，这场大火即源起于义和团的盲目排外举动。据《西巡大事本末记》载：庚子五月十六日，义和团"焚崇文门内教堂，十八日，焚顺治门外教堂，其大栅栏等处教民所开之店铺，亦遭焚毁。二十日，大栅栏有老德记药房为西人所开，从北焚烧，是日西南风大作，延烧四处，东尽前门大街，西尽煤市街、南河沿，又逾河而至月墙荷包巷"。"是日共计被焚店铺不下四千余家。"《顺天时报丛谈》也说："光绪二十六年五月二十日，由老德记药房起火，连及小齐家胡同、廊房头、二、三条以至西河沿、正阳门城楼，均付一炬。"这场大火烧了一天一夜，还殃及正阳门箭楼。在这场大火中，约有4000多户民房与商号店铺被烧毁，著名酱菜店铺六必居只剩下后场两间房屋，六必居的老匾由于被伙计及时抢出才没被烧毁，聚兴斋鼻烟铺在大火中烧得片瓦无存，可谓损失巨大。大火过后，前门大栅栏一片狼藉。

义和团的反帝活动引起各西方列强一片恐慌，于是纷纷调集兵力，以保护使馆为名，将军队陆续开往北京，决定直接镇压义和团。在各国列强的威逼之下，清政府于5月31日同意各国派兵保护使馆，这些护馆士兵在北京城内横行无忌，任意枪杀平民之事常有发生。8月3日，住在前门城楼上的外国护馆士兵"不戒于火，以致城楼被毁"（《义和团档案史料》552页）。8月14日，俄、英、美、日、德、法、意、奥八国联军相继进入北京，而慈禧则带着光绪及臣仆们仓皇出逃西安。

八国联军进入北京之后，立即开始进行野蛮的烧杀抢掠，对北京施行殖民统治，并决定将北京划为几个区域进行占领，其中前门外大街以东归英国所管，前门外大街以西归美国所管，前门内东归英国所管，西归美国所管。侵略者允许军队"公开抢劫三日",结果"街市商民逃窜一空","北京居民所受之物质损失甚大",前门大栅栏就是侵略军抢劫的重点地区。这些侵略军士兵任意抢掠,杀戮无辜百姓,使昔日繁华的前门大栅栏满目疮痍。

"庚子之变"后,大栅栏被烧毁的商户店铺陆续修起,重新恢复了往日的生机。正阳门城楼也于1902年开始重建,因工部工程档案已被帝国主义士兵烧毁,而正阳门城楼图纸也未找到,重建时只好按照崇文门与宣武门的形式,根据地盘广狭,将正阳门城楼的高度、宽度酌量加大。重建后的正阳门城楼自地平至正兽上皮止,为清尺九丈九尺四寸;正阳门箭楼自地平至正兽上皮止,为七丈六尺七寸,比城楼低二丈二尺七寸,后仰前俯中高,1906年底正阳门重建工程竣工。箭楼城台上西式短垣水泥栏杆,则是辛亥革命后,北洋政府内务部总长朱启钤在1915年改建而成的。

民主英烈谋炸五大臣捐躯献身

戊戌变法失败后,面对日益加剧的民族危机与社会矛盾,一些爱国知识分子抛弃了改良主义的幻想,走上了革命的道路。1894年冬,孙中山在檀香山组建了我国最早的资产阶级革命团体——兴中会,不久即在国内开展起以武力推翻清王朝的革命斗争。光绪三十一年(1905年)八月二十日,在孙中山的倡议下,由兴中会、华兴会、光复会等革命团体成立了统一的革命组织同盟会，以"驱除鞑虏，恢复中华，创立民国，平均地权"为斗争纲领，自此，同盟会便成为当时领导全国革命运动的中心。资产阶级领导的民主爱国运动的兴起，使民主革命思想在全国得到广泛的传播，革命队伍日益扩大，轰动全国的吴樾前门火车站刺杀出国考察政治五大臣一案，即发生于此背景之下。

吴樾，安徽桐城人。光绪二十八年（1902年）入保定高等师范学堂，曾参与创办《直隶白话报》。吴樾虽然不是同盟会会员，但他素怀革命壮志，在保定期间经常与赵声等革命党人相来往。光绪三十一年（1905年），面对革命形势的迅猛发展，一些人提出"变更政体，实行立宪"的主张，以便挽救岌岌可危的清政权。于是清政府决定派载泽、戴鸿慈、徐世昌、端方、绍英等五大臣出洋"考察政治"，以"力图变法，锐意振兴"。吴樾对清廷"预备立宪"之主张竭尽反对，他在遗嘱中写道："立宪主义，徒堕落我皇汉民族之人格，侮辱我皇汉民族之思想。"为推翻清廷，"敢以区区之心，贡献于我汉族四万万同胞，比能协心并力，抱持唯一排满主义之图，建立汉族新国，则某虽死犹生"[《辛亥革命资料》（二）第436页]。八月二十六日，载泽等起行，吴樾身藏炸弹来到前门火车站，乔装随从混入车上时，徐世昌仆人见吴樾比较面生，于是上前相诘问，吴樾恐事败露，仓促间弹未投出即于怀中爆炸，吴樾当场牺牲，载泽、绍英等只受轻伤，随员仆从也有伤者。五大臣遇炸之事发生后，原定的出国考察只好延期。

吴樾本名吴越，刺杀五大臣之事发生后，官方贴出布告，重赏招人认尸。此时赵秉钧的部下已有人认出了吴越的身份，袁世凯的幕友遂向袁献计，吴越系直隶大学堂学生，此事张扬出去，恐怕对袁不利，应该严守秘密。于是袁世凯一面命赵秉钧派人到桐城会馆将吴越的遗物销毁，并将吴越的"越"字加上"木"字旁，报案以便含糊了账；一面又派人到保定悄悄了结此案，革除了几个学生，吴樾入学的保人候补知县金祖棋也被革职。（汤谪青《读章世钊"书吴樾组机狙击五大臣事"后》，见《文史资料选编》第六集，1980年版）

　　清末，要求变革，要求民主与共和，推翻清朝统治已成我国社会发展的主要潮流，吴樾刺杀五大臣之事发生之后，全国震撼，这件事不仅沉重打击了清廷上层人物，而且极大地鼓舞了革命志士，仅过六年就爆发了辛亥革命，推翻了清朝统治。

京师侠妓赛金花与小凤仙

　　在前门大街以西有一组特殊的胡同，俗称"八大胡同"，这就是清末民国期间北京的青楼集中之地。这八条胡同说法不一，普遍认为是：王广福斜街（今棕树斜街）、石头胡同、陕西巷、韩家潭（今韩家胡同）、皮条营（今东西壁营胡同）、胭脂胡同、百顺胡同和大礼纱帽胡同（今大力胡同），其实前门外妓院丛集之处并不仅上述八条胡同，还包括朱茅胡同、朱家胡同、燕家胡同、博兴胡同、留守卫（今并入朱家胡同）、小礼纱帽胡同（今小力胡同)、火神庙(今并入青风夹道)、青风巷、王皮胡同、蔡家胡同等。

娼妓是人类社会的病态现象,前门外地区之所以会形成娼妓集中之地,有多方原因。清中期以前,官府对开设娼寮还有一定的禁令,但尔后则形同虚设,尤其是清中期以后,私妓更加盛行。清光绪年间,京师巡警厅将内城的妓院都迁至外城,给照收捐,在法律上公开默认妓女的存在,这种政策民国期间依然如是,这就为私营妓院的发展提供了政策上的支持。此外,前门外商业娱乐业的发展,使这一地区集中了大量豪富之人,这些人的私欲便成为妓院发展的重要因素。而前门地区离内城也比较近,内城的官吏权贵到这里恣意享乐也很方便,因此伴随前门大栅栏地区的商业发展,妓院也集中到这一带。这些妓院的诞生不仅使许多穷人女子受人凌辱,还使社会道德败坏,腐败滋生,赌博、吸毒也随之而至,因此"八大胡同"的出现实为前门外商业发展的负面产物。

但在清末民初,前门外妓院中却出了两位著名人物,这就是赛金花与小凤仙。赛金花与小凤仙是北京近代史上颇为引人关注的两位女子,之所以引人关注,一方面是因为她们的身份特殊,乃为京师名妓,另一方面她们虽然遁入娼门,但在事关国家命运前途的重要关头,为保护北京人民的生命财产,反对袁世凯的独裁与倒行逆施,又都挺身而出选择了正确的道路,显示了她们的才智与是非大观,从而赢得了社会的尊重,被尊崇为京师侠妓。而她们所做的这些令人称道的举动,恰恰就是她们在前门大栅栏一带活动的时候。

赛金花,本名曹梦兰,原籍安徽歙县,为大学士曹振镛的重孙女。清同治十一年(1872年)出生于苏州。5岁时成为苏州知府管家之养女,后因知府获罪,家产被抄,管家将其卖与一程姓盐商为妾,不久盐商因霍乱而亡,赛金花遂堕入风尘,改名赵灵飞,乳名彩云。不久与同治状元洪钧相识,嫁其为妾。光绪时,洪钧出任驻俄罗斯、德国、奥地利、荷兰四国公使,赛金花随洪钧一同赴任。在德国期间,她以公使夫人的身份常常出席宫廷宴会等上层社会活动,曾觐见过德皇与皇后,与首相俾斯麦及瓦德西等上层人物多有往来。洪钧回国之后于光绪十九年(1893年)病故。光绪二十一年(1895年),赛金花被迫离开洪家,到上海之后再度沦落风尘,改名为赵梦兰。后又至天津,在金花班旧址开设妓院,取名赛金花。光绪二十四年(1898年),回到北京,曾居于李铁拐斜街及石头胡同。

光绪二十六年(1900年),八国联军侵占北京,在北京城内大肆烧、杀、抢、劫,给北京带来巨大灾难,在这危急关头,赛金花以会讲德语的有利条件,参与了朝廷与列强之间的调停活动。

赛金花

她利用与八国联军统帅瓦德西等在德相识的老关系，多方周旋交涉，尽力阻止联军士兵的破坏活动，使京城百姓的生命财产获得了一定程度的保护。

八国联军撤出北京后，赛金花在陕西巷开设了"怡香院"，对外营业。陕西巷北端东侧有一条小死胡同叫榆树巷，巷内1号院就是清朝末期京师名妓赛金花所开设的怡香院旧址。

这座怡香院因赛金花而起，所以在北京颇有名声。后因怡香院发生了妓女自杀事件，赛金花受到牵连入狱。保释后回到苏州，与职员曹瑞忠结为夫妻，一年后，因曹病故，她又来到上海。1918年，她与曾任议员和江西民政厅厅长的魏斯灵结婚，易名魏赵灵飞。魏后来当选为国会议员，举家迁京，住在宣武区樱桃斜街一带。据传东南园胡同49号即为其故居。1921年，魏斯灵病故，赛金花随后搬出魏家，在天桥居仁里16号定居，住北房二间，门首悬有"江西魏寓"四字。赛金花的晚年生活比较拮据，常靠亲朋资助维生，1936年12月3日，病死于居仁里家中。赛金花去世后，念其在"庚子之乱"之际，保护北京百姓生命财产有功，各界人士为她举行了公葬，灵柩葬于陶然亭慈悲庵的锦秋墩上。1952年，整修陶然亭时，灵柩被迁移异地，而墓碑则保存在慈悲庵的陈列室内。

陕西巷路东52号则是另一位京师名妓小凤仙的云吉班旧址。云吉班为一两层楼房，砖木结构。入门上方有匾，今已字迹不清。

1912年袁世凯窃取大总统之后，一直梦想复辟帝制，因而遭到进步党人的反对。为加强独裁统治，袁世凯对与进步党人来

赛金花的住所

往密切的云南省都督蔡锷一直存有疑忌,于 1913 年将其调京,任统帅办事处办事员兼经界局督办。蔡佯伪"上书劝进",却暗中策划反袁,而袁也派人对蔡锷密切监视。为了摆脱跟踪,蔡时常出入云吉班,佯装沉迷酒色不问政事,使警探放松了对他的监视,在小凤仙的掩护配合下,1915 年 11 月初,蔡锷潜走天津,绕道日本、中国台湾,经越南,在袁世凯于 12 月 12 日宣布实行帝制的同天,回到云南。25 日,蔡发表檄文,通电全国,宣布云南独立，组织护国军讨袁。随后广东、广西、贵州、浙江等省也陆续宣布独立。护国军的讨袁斗争很快得到广大人民群众的支持，孙中山也发表《第二次讨袁宣言》。在一片反对声中，袁世凯被迫于1916年3月23日宣告取消帝制，同年6月6日于忧愤中病死。仅存83天的"洪宪王朝"就此结束。

在这次护国斗争中，小凤仙虽身处青楼，却能冒个人生死之危，以侠胆义行之举，帮助蔡锷将军摆脱监视，出离北京，完成了讨袁护国大业，因而名声大震，受到国人的称颂。小凤仙的生平虽然人们知之不多，但其故居云吉班旧址尚在，这一遗存及蔡锷在西城棉花胡同66号的故居均已成为民国史的重要见证。

孙中山为国北上莅临前门车站

1924年10月，冯玉祥发动北京政变，曹锟辞职，吴佩孚南逃，直系军阀被赶下台。对冯玉祥的举动孙中山给予了高度评价，他在回复冯玉祥的电文中说："义旗聿举，大憝肃清。诸公功在国家，同深庆幸。"在大好形势下，孙中山决定北上，共商建国大计。直系军阀倒台后，段祺瑞当了临时总执政，对这一政局变化，孙中山虽然很失望，但仍然决定北行。

1924年12月31号，前门北京东站迎来了一位伟大的客人，他就是我国革命的先行者孙中山先生。孙中山抱病入京的消息传开后，很多人冒着冬季的严寒来到前门火车站，这天从前门火车站到长安街，欢迎的人群达 10 万多人，前门一带更是拥挤得水泄不通，欢迎的旗帜如林，到处都是"欢迎首倡三民主义、开创民国元勋、中国革命领袖孙中山先生"等字样的大幅标语，在人群中非常醒目。

为保证孙中山的安全，冯玉祥指示北京警备总司令鹿钟麟全权负责此事。鹿钟麟看到前门车站的情况，担心发生意外，于是赶到永定门火车站，在火车停车时向孙中山报告，拟请孙中山在永定门火车站提前下车。孙中山说："在永定门下车那可使不得，我是为学生为群众而来的，我要见他们。请不必担心，学生们即使挤着了我，也不要紧的。"火车到达东站后，谁知"学生们的秩序，立时就自动整理好了。每个人都严肃而恭敬地站在那里，没有一个人乱动，也没有一个人说话，只听得欢迎他的许多小旗在风中瑟瑟地响"（鹿钟麟《回忆孙中山先生》1956 年 11 月 11 日《天津日报》）。由于孙中山患病身体非常虚弱，火车到达前门东站后，马叙伦等迎接人员用藤椅将孙中山抬下车。面对欢迎的人群孙中山发表了简短的书面讲话。他说："此来不是为争地位，不是为争权利，是特来与诸君救国的。"在群众的欢呼声中，孙中山上车住榻于北京饭店。当天孙中山即发表了《入京宣言》，重申北上入京目的"非争地位权利，乃为救国"。

由于段祺瑞不顾全国人民的反对，急于利用善后会议以窃取总统职位，孙中山在京期间，与段祺瑞的阴谋所为进行了坚决斗争，并致电段祺瑞提出了两项主张，结果遭到段的拒绝。因肝癌病情恶化，1925年3月12日上午9时30分，为中华民族的自由解放奋斗一生的伟大战士孙中山先生在协和医院逝世，终年59岁。

孙中山生前曾对党人语："吾死之后，可葬于南京紫金山麓，因南京为临时政府成立之地，所以不可忘辛亥革命也。遗体可用科学方法永久保存。"依其所嘱，灵柩暂停于香山碧云寺。中山陵于1929年春完工，5月26日开始向南京迁灵。从香山到北京的大道两旁，插满了悼念的旗帜，树枝上挂满了朵朵白花。沿途送行的人群多达30多万人。下午3点，灵柩到达前门车站。3点15分灵柩被扶入铁路局特制的灵车。下午5点整，灵车缓缓地驶离前门车站，停在车站的所有火车都汽笛长鸣，送灵队鸣礼炮108响，送灵的文武官员与各方代表立正默哀，向民国的缔造者、伟大的革命家孙中山先生道别。孙先生于前门入京，英灵又于前门南归。

孙中山先生抱病入京是我国民主革命时期的一件大事，孙中山以救国为己任，为了革命之成功，不顾自己病情的加重，毅然北上，宣传三民主义，谋求和平统一，自然也就得到了全国人民的无限景仰与怀念。

"一二·九"运动与前门大街

1935年10月,日本加快侵华步伐,阴谋策划华北"自治"。日本的侵略行径激起广大人民的极大愤怒,在中国共产党的领导下,终于在北平爆发了轰轰烈烈的"一二·九"学生爱国运动。高校学生汇集到新华门前,高呼"打倒日本帝国主义""反对华北自治""停止内战,一致对外"等口号,并举行游行抗议活动。学生的游行活动遭到军警的野蛮阻拦和袭击,很多学生负伤,数十名学生被捕。次日北平全市学生举行总罢课,抗议当局的暴行。

"一二·九"运动爆发后,根据中共北平市临时工作委员会的部署,全市学生举行了联合罢课,并发表《宣传大纲》,谴责当局镇压"一二·九"学生的请愿活动。12月26日是"冀察政务委员会"成立的日子,北平1万多名学生再一次走上街头,举行声势浩大的抗日救亡大示威。游行队伍中除大中学生外,还有许多爱国教授、老师及市民。游行队伍分为四路汇集于天桥,举行市民大会,前门大街就成为各路学生前往天桥的主要通道。上午11点许,市民大会召开,会场之内"打倒日本帝国主义""打倒汉奸卖国贼"的口号此起彼伏,响彻北平上空。大会还通过了反对成立冀察政务委员会,要求停止内战,一致对外,收复东北失地等议案。

会后1万多名学生整队向前门进发,举行了声势浩大的示威游行,学生们手挽着手,沿路不断高呼抗日救国口号,向街道两旁的市民行人散发传单。游行队伍到达前门时再次遭到军警的阻截,他们鸣枪恐吓,不准队伍进入内城,交通完全被堵塞,前门外全是游行的学生。为向当局抗议,爱国学生随即在前门火车站广场举行了第二次市民大会,会上通过了9项议案,其中包括反对秘密外交;反对中国人打中国人,请求政府立即动员全国陆海空军宣战;打倒卖国求荣的汉奸;北平各大学组织南下请愿团;不得任意逮捕和屠杀学生等内容。大会决定继续举行游行,要求当局打开城门让学生进城。

为了分散游行队伍,当局让一部分学生由前门入城,其他学生则由宣武门进城。但部分学生到达宣武门后城门却依然紧闭,同学们试图撞开城门但未成功。后经过交涉,军警同意清华、燕京大学的队伍先撤走,然后打开城门让其他学生进城。清华、燕大学生离开后,忽然路灯全部熄灭,军警从四处冲出,许多学生都遭到毒打。由前门入城的学生虽然想到宣武门去接应,但途中也遭到了军警的攻击。在12月16日的大示威中,共有22名学生被捕,300余人受伤。

"一二·九"运动发生后,得到了全国各地爱国人士的支持,各地的青年学生也纷纷走上街头声援北平学生的爱国行为。北平学生的爱国行动打击了日本帝国主义的嚣张气焰,促进了中国人民的进一步觉醒,推动了抗日救亡高潮在全国的兴起,促成抗日民族统一战线的早日形成。"一二·九"这一天也已成为我国革命的重要纪念日，而在这场运动当中，前门大街始终是运动的中心地带之一。

前门大栅栏地区商业员工的增资罢工斗争

民国期间，由于社会动荡，外寇入侵，前门大栅栏地区的商业发展出现萧条，店员与资方的矛盾也日渐加深，最终在前门大栅栏地区酿出几次店内员工罢工斗争，这些罢工的出现说明前门大栅栏地区的劳资双方矛盾在加深，工人开始以罢工形式作为武器来保护自己的利益，但就总体形势而言，这些罢工都发生在企业或行业的内部，并没有在社会上产生重大影响，也没有形成社会性的大规模罢工浪潮。

瑞蚨祥虽然是北京最享盛名的绸布店，一度生意非常兴隆，但店内职工的基本利益并没有得到有效保障。在瑞蚨祥职工的工资差别很大，内伙计和后司都是年薪，在"七七事变"之前最低20元，最高达120多元。学徒两年内10元，满三年增加10元。外伙计实行月薪，最低6元，最高12元。

瑞蚨祥每天工作的时间很长，工人的身体健康与利益很少得到考虑。夏天早晨6点开门，直到晚上12点才关门；冬季早晨7点开门，晚上也要到11点才能关门，每天的工作时间长达十七八个小时。学徒工头两年不能坐下，整天不停地干活。每年除探亲假和夏季一天、春节三天假期外,全年都不能休息,所以劳动强度比较大。职工得病后,小病由柜上医治,如得了重病或花钱较多的疾病,就会被推出解聘。

瑞蚨祥的规章制度非常严格,职工的人身自由受到很大限制。规定职工一律不准在当地住家,每年给探亲假回家探亲;全体员工都在柜上住宿,没有要事不准请假外出;亲友来访,只准在二柜接待,时间不能超过一小时;外出或回家探亲所带行李必须经账房验查后方可出门。解聘之事在瑞蚨祥常有发生,职工一经辞退,马上离号,而且其他联号都不能录用。被解雇的职工如自己开办买卖,也不准与之交往。

瑞蚨祥的这些规定自然引起了职工的不满,为了争取自己的基本权益,瑞蚨祥职工开展了几次反抗活动。

1927年,正值大革命时期,各行各业都成立工会,争取职工的基本权利,瑞蚨祥也成立了自己的工会组织。在工会的组织下,瑞蚨祥的职工向资方要求缩短工作时间,保证职工的业余自由活动。在工人的强烈要求下,资方虽然被迫接受了工人的要求,但因蒋介石发动"四一二"政变,致使第一次大革命失败,工会被解散,瑞蚨祥的东家趁机进行报复,将积极参加工会活动的30多名职工全部解雇,近代史上瑞蚨祥的第一次工人斗争就这样失败了。

抗日战争期间,瑞蚨祥又发生了两次工人斗争。一次发生在1942年。当时因物价不断上涨,职工工资低,为了维持生活,多采取由柜上"用货"即买布的办法来弥补。东家认为柜上吃亏太大，于是由经理孟次瑶出面限制职工"用货"，结果引起职工的反对，并提出撤换孟次瑶。在职工的巨大压力下，瑞蚨祥的东家被迫撤换了孟次瑶，由新任经理孟绍亭与职工协商，最后双方达成协议，"用货"的幅度不能超过工资的半数，职工斗争才告结束。

另一次职工斗争发生在1945年，因当时饱受战争影响，很多职工的生活难以为继，于是职工们向资方提出了改善待遇的要求。资方对工人的要求采取了软硬兼施的策略。一方面适当调整了实物工资的数额，一方面又采取威胁与收买的手段，使这次职工斗争最终瓦解。

解放战争期间，北平的爱国民主运动进一步高涨。在中国共产党的领导下，反对帝国主义与国民党的斗争一直不断。1947年，国民党统治面临严重危机，军费开支越来越不堪重负，为了弥补财政赤字，不得不增加税收，大量印发钞票，结果造成通货膨胀，物价飞涨，仅当年5月的一周内，1斤大米就由1000元涨至3500元，市民生活十分艰难，很多商店、工厂也纷纷倒闭，因此北平各界民众接连不断地掀起反饥饿反内战运动。六必居发起的北京油盐店工人的增资斗争，就是在这种背景下发生的。

北京的油盐行业约有2000余名职工，大都来自河北省唐县一带。经过中共地下党多年的宣传工作，北京油盐行业中已发展党员120余人，分属9个支部。其中六必居酱菜店共有工人50多人，由于店主宣布要解雇一批工人，于是在中共党支部的领导下，六必居的工人向老板提出了"不准解雇工人，工资增加一半"

的要求，结果遭到老板拒绝，在这种情况下，全体职工遂决定举行罢工。罢工很快得到同行业职工的大力支持，也纷纷加入罢工运动，最终迫使六必居的老板接受了职工的全部要求，取得了斗争的胜利。

在抗日战争胜利后，大北照相馆也发生了一次店内职工罢工斗争。赵雁臣死后，大北开始实行吃股的办法进行经营管理，即赵家吃股70％，王泽民等四名参与管理的职工吃股15％，其他职工吃股15％。根据营业效益，决定分红的数量。抗日战争爆发后，由于日本的侵略战争，北京经济衰败，物价飞涨，大北照相馆也不断涨价，但大北照相馆职工的提成却没有变化，仍然按照原提成数额发放，这种做法激起了职工的强烈不满。1945年3月，大北职工推举张永华、李泽田、张璧光为代表与王泽民进行谈判，要求按30％提取提成工资，但王泽民不同意，结果引起了全体职工的罢工。面对罢工，王泽民与赵家经过商量后只好同意了职工的要求，罢工取得了胜利。但不到半年，三名职工代表就被王泽民借故相继解雇了。

前门大栅栏的新生与发展规划

前门大栅栏的发展经历是北京历史发展的重要见证,在漫长的历史岁月中,前门大栅栏的商业发展一度达到辉煌的顶点,成为北京最炙手可热的黄金宝地,但也遭受过外敌蹂躏的耻辱,然而最终还是正义战胜邪恶,按照历史的规律前进。1949年1月31日,北平宣布和平解放,2月3日,解放军举行盛大的入城仪

解放军在前门大街

式,飒爽英姿的中国人民解放军昂首行进在前门大街上,标志着这条古老大街从此迎来了崭新时代。

中华人民共和国成立后,前门大栅栏地区经过多次整修、改建,始终保持着原有的商业繁华,很多老店也再次焕发出青春。作为北京重要的商业街区,前门大栅栏在改革开放之中,正在为北京的经济与商业发展做出新的贡献。随着北京城市建设的发展和《北京城市总体规划》的全面贯彻,前门大栅栏街区已被纳入永定门至鼓楼之间的中轴线规划及北京旧城25片历史文化保护区保护规划。2003年,宣武区与崇文区政府又分别编制了《大栅栏地区保护整治与发展规划》《前门地区保护整治与发展综合方案》,这些规划方案明确提出前门大栅栏街区的功能定位为文化旅游商业区,发展的基本原则是"保护、更新、延续",从而为前门大栅栏地区历史风貌的保护、改造与发展提供了科学依据。

随着《总体规划》的全面贯彻执行,前门大栅栏街区将以历史风貌特色成为集居住、旅游、购物、休闲、娱乐多功能为一体的综合性商业区,使其更加适应现代商业发展的需求和国际城市交往的需要,再创辉煌,更加欣欣向荣。

参考文献

曹子西主编.北京通史.中国书店，1994.

周家楣，缪荃孙编纂.光绪顺天府志.北京出版社，1987.

《宣武区地名志》编辑委员会编.北京市宣武区地名志.北京出版社，1993.

《崇文区地名志》编辑委员会编.北京市崇文区地名志.北京出版社，1992.

王世仁等合编.宣南鸿雪图志.中国建筑工业出版社，1997.

徐城北著文.老北京：变奏前门.江苏美术出版社，2000.

高巍等著.漫话北京城.学苑出版社，2003.

朱祖希编著.北京城－营国之最.中国城市出版社，1997.

余钊著.北京旧事.学苑出版社，2000.

王彬著.旧京街巷.百花文艺出版社，2002.

叶祖孚著.燕都旧事.中国书店，1998.

金受申著．老北京的生活．北京出版社，1989．

王永斌著．北京的商业街和老字号．北京燕山出版社，1999．

张双林著．老北京的商市．北京燕山出版社，1999．

北京市城市规划设计研究院编印．北京旧城．1996．

北京燕山出版社编．旧京人物与风情．北京燕山出版社，1996．

胡玉远主编．京都胜迹．北京燕山出版社，1996．

孙兴亚著．宣南忆旧．宣武区建设管理委员会宣武区档案馆，2000．

杨法运，赵筠秋主编．北京经济史话．北京出版社，1984．

冯小川等编著．北京名人故居．人民日报出版社，2002．

北京日报出版社编印．北京指南．1983．

于杰，于光度著．金中都．北京出版社，1989．

沈榜编著．宛署杂记．北京古籍出版社，1983．

刘侗，于奕正著．帝京景物略．北京古籍出版社，1991．

张爵．京师五城坊巷胡同集．北京古籍出版社，1982．

于敏中．日下旧闻考．北京古籍出版社，1981．

吴长元辑．宸垣识略．北京古籍出版社，1981．

崇彝著．道咸以来朝野杂记．北京古籍出版社，1983．

陈宗藩编著．燕都丛考．北京古籍出版社，1991．

北京市规划委员会．北京旧城25片历史文化保护区保护规划．北京燕山出版社，2002．

王军编著．城记．三联书店，2004．

熊梦祥.析津志辑佚.北京古籍出版社，1983.

蒋一葵.长安客话.北京古籍出版社，1982.

光绪·都门纪略.荣录堂藏版.

北京市政协文史资料委员会.北京文史资料精华.北京出版社，2000.

戴璐.藤阴杂记.北京古籍出版社，1982.

北京市政协文史资料委员会.文史资料选编（第九集）.北京出版社，1981.

震钧.天咫偶闻.北京古籍出版社，1982.

《中国近代史》编写组.中国近代史.中华书局，1979.

孙承泽.天府广记.北京古籍出版社，1983.

潘荣陛.帝京岁时纪胜.北京古籍出版社，1983.

马芷庠.老北京旅游指南.北京燕山出版社，1997.

故宫博物院明清档案部.义和团档案史料.中华书局，1959.

徐珂编.清稗类抄.中华书局，1984.

李虹若.朝市丛载.北京古籍出版社，1995.

北京经济史资料.北京燕山出版社，1990.

张宗平，吕永和.清末北京志资料.北京燕山出版社，1994.

朱一新.京师坊巷志稿.北京古籍出版社，1982.

北京市政协文史资料委员会.驰名中华的老字号.文史资料出版社，1986.

明史.中华书局，1974.

十三经注疏.中华书局，1979.

胡玉远编.燕都说故.北京燕山出版社,1996.

马可波罗游记.福建科学出版社,1981.

金受申.北京的传说.北京出版社,1981.

史玄.旧京遗事.北京古籍出版社,1986.

夏仁虎.旧京琐记.北京古籍出版社,1986.

燕京杂记.北京古籍出版社,1986.

北京风物志.北京旅游出版社,1984.

王光主编.中国首都北京.红旗出版社,1986.

《北京》画册编委会.北京.1959.

后　记

　　前门大栅栏是北京著名的商业街区，在漫长的历史岁月中，前门大栅栏不仅对北京的物资供应与经济发展起了至关重要的作用，而且对明清北京城的形成与发展也有着某种潜在的影响。中华人民共和国成立后，随着北京城市建设的发展，前门大栅栏的商业虽已不再具有往日的影响力，但人们对前门大栅栏的浓厚兴趣却一直不减，撰写前门大栅栏之文每每见诸杂志报端，而专记前门大栅栏的商业、演出业与饮食业，读之往往略显不足。因此我们这次撰写《京华通览·前门 大栅栏》的宗旨，就是力求以丰富的资料，简洁的语言，全面叙述前门大栅栏的产生与发展过程，阐述前门大栅栏在北京发展过程中所起的特殊作用，以及对北京文化发展所做出的特有贡献。让人们了解前门大栅栏的历史，了解前门大栅栏的辉煌，以便在改革开放的浪潮中，更好地发展前门大栅栏的商业与旅游业，使之更加繁荣、兴旺。

出于上述目的，我们在撰写《京华通览·前门 大栅栏》一书之际，除保留商业、演出业与饮食业之外，又增加了前门大栅栏的服务业与金融业两部分，使前门大栅栏的产业发展更为全面；此外，还增加了前门大栅栏的产生与发展、前门大栅栏的历史沧桑两部分内容，以便人们更好地了解前门大栅栏的历史全貌。其中对前门大栅栏的重点行业、老字号、戏楼、剧场、金融设施与钱市，以及相关的典型人物给予了重点描述。

明清时期，前门大栅栏一直是北京的商业中心，其文化底蕴深邃而厚重，内容丰富而多彩，对北京的发展产生了深远影响，因而在撰写《京华通览·前门 大栅栏》之际，我们的初衷本拟借此机会全面、深入地反映前门大栅栏的历史面貌，但由于出版字数有限，一些内容不得不忍痛加以割舍，只好留为缺憾。

2017 年 12 月